国家社会科学基金项目“中国油气资源开发的水土保持补偿制度研究”（14BJY028）
教育部人文社会科学研究项目“油气资源税费问题及制度设计研究”（10YJA630148）
中国石油天然气集团公司软科学研究项目“油气资源开采生态环境税费相关法律问题研究”（中油研20140208）
黑龙江省哲学社会科学研究规划项目“大庆油田开采后期增值税和资源税问题研究”（05B0133）

中国油气资源税费制度研究

王甲山　金海燕　著

中国财经出版传媒集团
中国财政经济出版社

图书在版编目（CIP）数据

中国油气资源税费制度研究／王甲山，金海燕著
. --北京：中国财政经济出版社，2022.4
ISBN 978-7-5223-1297-2

Ⅰ.①中… Ⅱ.①王… ②金… Ⅲ.①油气资源-资源税-税收制度-研究-中国 Ⅳ.①F426.22
②F812.422

中国版本图书馆 CIP 数据核字（2022）第 052098 号

责任编辑：陈 冰　　责任校对：徐艳丽
封面设计：陈宇琰

中国油气资源税费制度研究
ZHONGGUO YOUQI ZIYUAN SHUIFEI ZHIDU YANJIU

中国财政经济出版社 出版
URL：http：//www.cfeph.cn
E-mail：cfeph@cfeph.cn

社址：北京市海淀区阜成路甲 28 号 邮政编码：100142
营销中心电话：010-88191522
天猫网店：中国财政经济出版社旗舰店
网址：https：//zgczjjcbs.tmall.com
北京中兴印刷有限公司印刷 各地新华书店经销
成品尺寸：170mm×240mm 16 开 11.75 印张 205 000 字
2022 年 5 月第 1 版 2022 年 5 月北京第 1 次印刷
定价：49.00 元
ISBN 978-7-5223-1297-2
（图书出现印装问题，本社负责调换，电话：010-88190548）
本社质量投诉电话：010-88190744
打击盗版举报热线：010-88191661 QQ：2242791300

前　言

石油、天然气作为基础产业在国民经济发展中发挥着极其重要的作用。如何有效开发和节约利用油气资源，实施国家油气资源发展战略，保护和促进油气资源健康发展，满足经济建设和战略储备的需要，维护国家权益和石油安全，已经成为亟待解决的重大课题。税费作为财政收入的主要形式，是国家宏观调控和调整收入分配关系的重要经济手段，在市场经济条件下发挥着不可替代的作用。油气税费作为调节油气资源的重要经济杠杆，对油气勘探、开发、储备、加工、销售和消费等至关重要。良好的税费制度有利于油气资源的勘探开发、节约利用，有利于促进油气企业健康发展、缓解油气供需矛盾，有利于保护生态环境、推进油气行业绿色可持续发展。然而，现行油气税费与这一目标还存在一定差距，有待深入研究。

本书运用文献研究、调查研究、定性分析、定量分析等研究方法，分析中国油气税费制度沿革及其影响，结合油气资源开发状况及发展战略，剖析制约油气资源税费制度的问题，借鉴主要产油国油气税费经验，提出中国油气税费改革策略，以期对推进中国税费制度改革有所裨益。

本书整体框架和内容分为六章：

第一章：介绍研究背景及意义，国内外研究述评，研究内容、方法和创新之处。

第二章：介绍国内外油气资源储量、产量和消费现状，重点分析中国存在的油气资源相对贫乏、勘探投资萎缩、产量增长乏力、对外依存度不断攀升、边际油田和低渗透油田开发难度加大、天然气使用量在一次能源中的比重处于较低水平、石油战略储备处于高危状况、非常规油气开发滞后等问题；阐释了加大对老油田的开发、进一步开拓新区的油气资源、自营开发与对外合作并举的海洋油气资源开发、提升天然气的产业地位和在一次性能源中的比重、实施“走出去”利用国外油气资源战略、油气资源勘探开发与生态环境协调发展、节约与合理使用油气资源、石油战略储备、加大对非常规油气勘探开发等油气资源发展战略；阐述油气税费制度研究基础，包括油气税费及种类、油气税费界定、油气税费相关理论、税费对油气资源影响等内容。

第三章：回顾中国油气税费的曲折发展历程，将其划分为萌芽、停滞、发展、改革、调整和完善六个阶段。重点对改革阶段以来油气资源增值税、营业税、消费税、资源税、石油特别收益金、企业所得税、水土保持补偿费、燃油税等历次税费制度调整予以深入剖析，并就其产生的影响给予评价。在研究增值税转型改革时，采用实证分析法。首先，阐述增值税转型对油气企业税负影响的数理分析；其次，构建增值税转型引起企业总体应纳税金变动模型，进一步分析增值税转型对油气企业增值税负和整体税负的影响；最后，以大庆油田2002—2004年的相关数据作为样本，对增值税转型给油气企业税负带来的影响进行了实证分析。

第四章：从税费体系设计、税费理念及具体税费制度角度，深入剖析了油气税费存在的主要问题。在税费体系设计方面存在利益分配制度有待完善、未充分考虑油气资源可持续发展、税费征收机制不够合理、不利于油气资源发展战略实施等问题；在税费理念方面存在油气生态补偿制度缺失、油气专项税费优惠有待完善、税费理念未能充分体现油气行业特点等问题。在税费种类方面存在如下问题：增值税负担整体偏高、优惠力度不足、分配比例不够合理、油气工程企业留抵税额偏高；消费税税收分配机制不够科学、征收环节不够合理、价内税不利于提升社会环保意识；企业所得税中央和地方利益分配未考虑生态补偿、税收优惠形式单一、固定税率难以反映开发各阶段成本变化；资源税立法宗旨不够明确、计税方式不尽合理、未全面实现级差调节功能、可持续发展导向性不够；环境保护税预防及治理修复油气行业环境污染的导向性有待提高、缺乏油气行业针对性、征收范围过窄、征收分工协调性、配合度有待提高；石油特别收益金中央与地方政府税费分配不合理、征收方式不合理、水土保持补偿费按照油气生产井占地面积征收未能充分考虑水土保持生态服务功能损害因素等。

第五章：借鉴国外油气税费实践经验。国外主要产油国油气税费划分为专项税费和通用税费两种，油气专项税费以红利、矿业权租金、权利金、资源耗竭补贴为主；油气通用税费以增值税、消费税、公司所得税、关税为主。国外油气税费模式可以划分为租让制与合同制两种，本章对两种模式特征及国外油气税费制度进行比较分析。通过介绍和比较，得出国外油气税费的启示，以期为中国油气税费改革提供参考。

第六章：提出了改进油气税费的建议及配套措施。在阐述油气税费改革遵循的基本原则基础上，提出了创新油气税费立法理念、改进油气生态补偿税费制度体系、健全油气资源专项税收优惠政策、构建体现油气行业特点税费制度等改革建议，并就具体税种提出改革对策，如增值税应加大优惠力度、调整分成比例、降低油气工程企业留抵退税门槛，消费税采用税收共享模式、征收环节由生产环节后移至销售环节、调整为价外税，所得税给予油气资源地政府额外分成、增加税收优惠、采用差别税率，资源税应进一步明确立法宗旨及目的、调整计税依据、提高税率并加大优惠减免力度、建立资源耗竭补偿基金，环境保护税应完善税收优惠及使用机制、扩大征收范围、加强部门间及企业部门间工作协调性和配合度，石油特别收益金应完善中央政府与地方政府分配管理，调整征收方式，水土保持补偿费应明确主体、客体、补偿标准，拓宽水土保持补偿途径、增加补偿方式等。

由于笔者水平、能力及时间所限，且油气税费制度变化较为频繁，涉及油气资源开发利用的上中下游，情况比较复杂，加之实地调研存在不周之处，本书在论述过程中难免存在疏漏与不足，敬请读者不吝赐教，批评指正。

本书得到黑龙江省高校人文社科重点研究基地——东北石油大学石油经济与管理研究所资助，在此表示感谢！

作者

2022 年 2 月

目　录

第1章

绪论

1.1 研究背景及意义

1.1.1 研究背景

石油、天然气是国民经济和社会发展的重要能源和战略物资，油气供需状况不仅在很大程度上影响一个国家的经济发展和社会稳定，而且还影响着一个地区乃至全球的政治、经济和安全。中国既是一个油气资源大国，又是一个油气消费大国。由于大庆、胜利、华北、辽河、中原等常规油田已进入开采中后期，处于高含水、高采出阶段，加之新增可采储量难以弥补当年生产消耗的储量，自20世纪90年代以来，石油产量缓慢增长，与快速增长的石油需求相比，显得供应乏力[1]。20世纪90年代以来，中国经济持续高速发展致使石油消费速度明显加快，1991—2000年年平均增长率为6.89%。进入新世纪以来石油消费增长势头更为强劲，过去10年，中国石油消费量年平均增长率达到7%以上，而国内石油供应年增长率仅为1.7%。2017年，中国超过美国成为世界最大石油进口国，2018年超过日本成为世界最大天然气进口国。随着中国城市化进程的加快和生活水平的提高，家用轿车数量急剧增加，油气消费量、进口量和进口依存度还将保持增长的势头[2]。尽管近几年中国在大庆、鄂尔多斯、四川、松辽、渤海湾、准噶尔、沁水等含油气盆地探明并已开发利用包括致密油气在内的多种非常规油气资源，但由于开发难度大、技术适用性较差、综合利用效率低、环境污染严重等问题，在未来较长一段时期内，能源供应仍以常规油气为主，在油气进口依存度逐年提高、油气勘探开发程度和资源利用率较低以及核心技术不足的情况下，中国应在提高新老油气田和非常规油气田勘探开发程度的同时，贯彻坚持常规油气与非常规油气并举、开发与节约并重、优化油气资源配置、改善能源结构、增加战略储备、立足国内发展海外等油气资源发展战略。

作为国家财政收入的主要形式，税费是国家调节社会分配关系的重要经济手段。油气税费是对油气勘探、开采、储备、加工和消费等一系列环节所课征的各种税费的总称，包括政府对油气勘探开发、加工运输和销售各个环节所征收的各种税与费。从宪政思维的理念出发，油气税费是社会与国家之间的平衡器，是油气田企业和自然人履行其经济责任和道德责任的法定义务。从公共产品理论出发，油气税费是作为市场主体的油气企业和油气品消费者向政府缴纳的一笔收入，是油气产品或服务的提供者和受益者为生产消费社会公共产品或公共服务而支付的“税收价格”。政府通过包括油气税费在内的所有税收的融资，为油气产品或服务的生产者和消费者提供安全保障，维护良好的生产经营和消费环境，为油气从业者提供了基本的社会保障。这些带有公共产品性质的服务完全可以看作是石油产品或服务的生产者和消费者缴纳税收的回报。

作为国家调节油气工业的重要经济杠杆，税费对油气企业、油品消费者的影响至关重要。新中国成立以来，伴随着中国石油工业的成长壮大，油气税费经历了由弱到强的曲折发展历程。为了适应对外开放的需要，我国在1989年、1990年分别对开采海洋石油资源和中外合作开采陆上石油资源征收矿区使用费，不征收资源税和矿产资源补偿费。为了建立与市场经济相适应的税收体制，1994年进行全面工商税制改革，国家对陆上油气资源（中外合作开采陆上石油资源除外）征收增值税、消费税、营业税、企业所得税、资源税、矿产资源补偿费等税费，初步建立了与市场经济相适应的油气税费体系。随着社会经济不断发展，国家为适应油气勘探开发、加工销售以及“费改税”的需要，一方面对与油气相关的增值税、营业税、资源税、消费税等进行多次补充和调整，另一方面开征了石油特别收益金、水土保持补偿费等新税费。油气税费建立及补充调整是基于油气资源形势发展变化而做出的，有其深刻而复杂的时代背景。油气税费补充调整对油气资源勘探开发、油品消费等产生的影响如何，油气税费对缓解油气供需紧张的局面发挥怎样的作用，制约油气资源发展战略实施的税费问题何在，国外油气税费现状及启示如何，中国油气税费改革取向在哪里等一系列问题需要从学术的角度深入研究并做出回答。本著作选题正是在这一背景下确立并展开研究的，试图通过对上述问题的深入研究，探究适应中国油气资源发展战略的税费改革方向。

1.1.2　研究意义

国家油气资源发展战略的实施是促进油气资源开发的重要保障，油气税费是国家调节油气资源开发利用、组织财政收入和调节分配关系的重要经济手段。随着国际市场石油价格剧烈波动及石油安全形势的日趋严峻，油气税费问题已经引起学术界和管理层的高度重视，也成为实施国家油气资源发展战略亟待解决的重要课题。

深入研究油气税费理论及相关制度的必要性主要表现为以下三方面：

（1）研究油气税费制度是促进油气资源开发与利用的需要

随着国内油气消费及进口依存度的逐年增加，最大效用地促进国内油气资源开发与利用、维护国家石油安全已迫在眉睫。现行油气税费制度在油气勘探开发、加工运输及油品消费等方面产生了诸多不利影响，在增值税、消费税、资源税、石油特别收益金等方面均不同程度存在问题。因此，运用税收理论分析油气税费对油气资源开发、利用所产生的影响，建立既有利于油气资源开发利用，又有利于增加国家财政收入的税费体系，是当前亟待研究并解决的重要课题，也是石油工业可持续发展和实施油气资源发展战略的客观要求。

（2）研究油气税费制度是实现中国税费制度国际接轨的需要

随着经济全球化的不断深入，油气企业的跨国合作越来越多，面对国外复杂的税费体系，需要建立完善的税费制度来保障中国油气企业在海外市场上更好地竞争。近年来中国多次进行油气税费改革、践行绿色税制理念，但仍缺乏相应的税费政策来应对变化莫测的国际石油市场。面对全球油气能源日渐衰竭，多数国家已投入非常规油气资源的开采研发，为缓解国内能源安全并在全球新的资源市场占领一席之地，有必要借鉴国外先进国家油气税费经验，深入分析中国油气税费利弊得失，建立一套统一适用内外资不同类型油气企业、大力支持非常规油气资源开采并与国际接轨的油气税费制度显得尤为必要。

（3）研究油气税费问题是进一步深化税制改革的需要

近年来，中国按照“简税制、宽税基、低税率、严征管”的原则进行了一系列改革，未来将继续秉持该原则，符合有利于经济结构调整、增长方式转变、科技进步和资源节约的财税制度的要求，积极稳妥地持续推进税费制度改革，进一步优化税制结构，建立更加合理公平的、法制化的税费体系。油气税费作为税收制度的重要组成部分，深化油气税费改革将有利于转变油气企业增长方式、推动科技进步，促进油气资源的有效开发和节约利用，维护国家石油安全。

有鉴于此，从油气资源发展战略角度出发，将油气税费制度研究作为研究课题有其深刻的理论意义和现实需要。

1.2 油气税费制度研究述评

1.2.1 国内研究综述

为适应市场经济发展的需要，1994 年中国进行了全面税制改革。新税制的实施，极大地推动了税收理论研究的发展，其中油气税费引起了包括笔者在内的国内部分研究人员的关注，目前研究仍处于初级阶段。纵观多年来学术界关于国内油气税费的研究，主要围绕以下方面展开：

（1）税制改革后油气企业税收负担分析

王甲山（1999）指出，1994 年税制改革后，由于原油价格上调、实行生产型增值税、资源税收重复征收等原因，使陆上油气企业税负较税改前明显增加[3]。陈建荣（2000）提出，油气企业在重组改制中应充分考虑税收效应，减少改制成本。国家应完善现行的油气税费，保持重组前后企业总体税负基本不变；企业在重组改制中亦应科学合理地设置专业机构，减少关联交易，达到合理避税的目的[4]。

2019 年全面减税降费后，税率大规模下调，企业进项税的可抵扣范围也有所扩大，很多日常服务纳入了可抵扣范围，不动产也可在一年内抵扣，企业的税收负担相较减轻。

（2）增值税对油气资源类产品适应性分析

张晶（2016）认为，增值税没有考虑油气企业在各个阶段投入产出的问题，对所有阶段的征收税率一概而论，不利于油气企业发展，并且油气资源比煤炭电力等能源开采难度更大、投入更多，但税率却高于电力等项目。随着家用汽车的普及，油气资源也逐渐成为民生项目，应该一视同仁，统一税率[5]。孙磊（2019）指出，中国现阶段油气企业在增值税改革后虽整体税负有所降低，但积累了大量的留抵税额影响企业资金流动，其背后成因是：由于油气项目前期投入较大且项目周期长，产出量以及销售情况不容乐观，进销项税额存在较大差异，由此产生了企业大量的留抵税额累积。建议从促进企业提升产能和扩大留抵税额退税范围两方面，解决增值税对油气企业投入产出阶段的适应问题[6]。

（3）油品消费税研究

田磊（2014）针对不可再生资源的稀缺性，以及从保护生态环境和可持续发展的角度出发，提出逐步提高油品消费税率的建议，利用高税率减少油品的过度消耗和浪费，此外还提到将消费税调整为价外税的建议，促进消费者环境保护意识的提高[7]。王慈（2016）针对中国成品油消费税政策进行了深入分析，提出：由于消费税单一环节征收并且税目下产品众多，促使许多油气企业通过变换产品名称等手段进行偷税避税，严重损害了国家利益。为了解决这一问题，王慈借鉴他国先进经验并结合中国实际情况，提出多环节征收消费税、提高税收信息化程度、修正成品油税目注释以及建立地方和中央税收共享机制等建议，同时针对中国石油对外依存度太高的现状，建议提高对煤制油的消费税税收优惠力度[8]。补萍（2017）认为，中国目前油品消费税主要问题仍集中在成品油的税收问题上，尤其是汽油和柴油的消费税设计直接影响到生态环境和交通问题。为了达到消费税保护环境和抑制石油消费的目的，建议将消费税设为价外税，并优化其税收征收环节，提高消费者的税负感知能力，同时避免油气企业偷税避税。考虑消费税的外部性成本，借鉴前人经验并结合中国实际相关数据，利用PS模型设计出了最优税率[9]。

（4）油气资源税、矿权使用费、矿产资源补偿费（已停征）存废研究

矿产资源补偿费已于2016年7月1日起停征，改收资源税。宋婧（2017）提出，中国资源税和矿权使用费存在功能重叠的问题，资源税作为国家财政收益，体现的是国家作为资源所有者获得的补偿，但矿权使用费仍是国家作为所有者向油气企业转移探矿权和采矿权获得的收益，尽管两者征收环节不同，但强调的仍是国家作为所有者获得的收益，另外海上开采油气资源缴纳矿区使用费后不再缴纳资源税，这一点更加佐证了两者存在重复征收的问题，建议整合资源税和矿区使用费，作为国家权利金征收[10]。魏嘉蒙等（2019）指出，中国以资源税为主导的现行税费体系存在一些问题，提出目前税费种类冗杂、资源税税率不能及时调整，以及低税率扶持政策导致油气企业海外上市、国有资产流失等问题，建议整合冗杂税费，实现矿产资源市场化配置，实现税费的动态调整，并着重强调了引进权益金制度的必要性[11]。

（5）油气田内资与外资企业、陆上与海洋油气企业税制统一问题研究

王静等（2016）对比分析了秘鲁、埃塞俄比亚、哈萨克斯坦以及中国关于国际油气合作项目的税费制度，中国对于国际油气合作项目的税收优惠力度明显优于其他国家，但针对中国内资油气企业和陆上油气项目并无税收优惠，这样不利于企业公平竞争，建议中国应统一内外资企业以及国际国内项目税费制度，并借鉴石油发达国家经验，建立完善本国石油行业的独立税收制度[12]。

（6）石油税收制沿革研究

王甲山（2004）发表“油气企业税收制度沿革及改革建议”一文，将石油税收制沿革分为萌芽、停滞、发展、改革和调整五个阶段[13]。罗东坤（2005）将中国石油税收制沿革分为创立、发展、改革以及现行税制四个时期[14]。赵迪（2020）将中国油气资源的相关税费发展分为萌芽、发展、修正三个阶段，并为中国未来的油气税费改革提供了一些建议[15]。

（7）石油税收收入分配研究

盛锐（2015）从产权角度对石油收益的分配问题进行了深入分析，指出在税收收入上油气企业、地方政府以及中央政府三方的矛盾。油气企业认为当前税费体系复杂繁琐且税负较重；中央政府认为过低的税负难以起到对油气企业在维护生态环境方面的约束作用，而地方政府不拥有产权，却承担着维护当地生态环境和促进经济发展的责任，作为执行机构只能得到较小部分的税收收益，表明了当下石油税收收入分配最根本的问题在于石油资源的产权问题，应在产权明确划分的基础之上进行收益分配[16]。崔娜（2020）指出，资源开发收益的分配主要是以资源开发税费形式进行的分配。中国矿产资源开发税费分配不合理的主要原因是忽略了后代与资源产地及居民应享有的资源开发收益，以及资源开发所带来的负外部性。建议在现有税费机制基础上，设立对资源开采的负收益进行补偿的税费制度，将现有税费收入实现有效的财富转化以弥补代际平衡和社会发展公平，深化资源税制改革[17]。

（8）燃油税改革研究

燃油税在中国开征的呼声由来已久，2009 年 1 月 1 日的成品油消费税改革决定将消费税收入专用于公路养护和道路桥梁建设，同时取消了原有的多项公路收费，即标志着中国燃油税改革正式开启。林伯强（2016）指出，征收燃油税的主要目的是维护道路、促进资源节约，然而通过比较中国和其他发达国家的燃油税制可以发现，中国税制对公共交通的扶持力度还有待加强；借鉴发达国家经验，中国的燃油税改革应重点区分道路用燃料以及农业用油等，加

大对公共交通和农业用油的税收减免政策[18]。邓夏（2019）基于燃油税专款专用于交通运输维护方面的特性，提出增收燃油税并用于公交补贴的构想，利用博弈矩阵进行对比分析该假设所带来的经济效用和环境效用，认为该政策能够在增强居民福利的同时缓解城市交通问题[19]。

（9）非常规油气资源税费研究

世界上很多地区的常规油气资源都已进入开采后期，针对长期低迷的石油国际形势，很多国家开始致力于非常规油气资源的开采利用，并制定了相应的财税扶持政策。张含笑等（2017）指出，非常规油气资源开采相对于常规油气资源开采技术要求和投入成本都更高，国家应加大财税扶持力度，针对其技术研发给予更多的税收优惠，并且对于非常规油气资源的税费制度设计应注重各个资源间的差异性，不能一概而论[20]。孙金凤和单凯（2021）通过页岩气的产量对比两国扶持政策的实施效果，指出：中国在税收优惠政策方面不及美国扶持力度大，建议在原有优惠基础上延长税收减免期限，加大税收优惠力度[21]。

（10）油气企业税收筹划研究

王甲山（2007）指出，中国油气企业税收筹划尚处起步阶段，油气企业有必要充分运用税收筹划手段增强自身实力，提高企业的国际竞争力；油气企业在会计人员素质、集团化经营等方面为实施税收筹划创造了条件；油气企业要树立正确的税收筹划意识，应分别做好集团公司政策型税收筹划、节约型税收筹划和优惠型税收筹划方案[22]。李绍萍（2013）从纳税筹划原理入手，综合运用税收学、企业管理理论、计量经济学、财务学以及博弈论等学科的理论工具与研究方法，对石油企业纳税筹划问题进行了深入系统的研究。通过总结石油企业目前主要税费政策状况，探讨现行石油企业税制的不足，分析了石油企业在纳税筹划活动中面临的诸如纳税筹划认识不足、组织结构缺乏、忽视筹划的积极作用、筹划人才匮乏等问题。结合石油行业特点，设计了石油企业纳税筹划的目标及总体框架，以财务活动为主线，从国内和跨国经营两个层面，具体分析了中国石油企业在筹资、投资、生产经营和利润分配等经济活动中的纳税筹划策略。具体包括：在国内经营过程中，通过选择合理的筹资形式进行筹资筹划，选择企业组织形式、投资方式进行投资筹划，选择合适的采购、存货计价及成本费用扣除方式进行生产经营筹划，通过设计薪酬体系、选择利润分配方式进行利润分配筹划；在跨国经营活动中，通过资本弱化、组建国际金融公司进行筹资筹划，选择投资地点和企业组织形式进行投资筹划，通过转移定价和跨国服务费用分摊实施生产经营筹划，采取套用国际税收协定、延迟汇回股利时间、以商品代替股利支付等进行利润分配筹划[23]。郑雪霞（2018）指出，由于税收政策和经济形势变化等外部因素的影响，以及企业内部人员的专业素质良莠不齐和生产经营决策变动等内部因素的干预，很有可能使原本计划好的税收筹划方案难以发挥效果，甚至给企业带来经营风险。面对这些可能会遇到的税收筹划风险，企业应该加强从业人员专业素质培训，密切关注国家政策和经济形势变化，并以正确的方式加强与税收部门的沟通协作[24]。骆徐姗（2020）分析研究了现行税费体系下企业内部的各项税费支出比例，并针对性地提出了通过对外捐赠抵减企业所得税应纳税所得额，利用关联方交易减少增值税支出等具体税收筹划方案，还对企业可能遇到的税收风险提出相应的解决对策[25]。

（11）油气企业环保税研究

自2018年1月1日环境保护税开征以来，多位学者针对其在环境污染方面的有效性以及在实施过程中遇到的各种问题展开了深入研究，并为中国绿色税制的发展提出了建议。王琳等（2020）指出，环保税的实施加重了油气企业的经济负担，而且环保税的计量监测过程比较复杂，导致环保部门和油气企业配合税收部门工作的积极性不高，税收征管工作难以有效实施。建议在环保税征管过程中以明确法律义务的形式督促两部门相互配合，加大税收优惠力度以提高企业纳税的积极性，利用大数据分析和科学技术手段加强对污染物排放的监测和计算[26]。汤伦（2020）以A石油化工企业为例，通过研究其近年来的财务数据发现，在环境保护税实施后，A企业的环境控制成本有所上升，主要是因为企业会计核算上的缺陷以及企业为了应对环保税的要求投入了大量人力物力。建议企业明确划分各项环境保护支出，加强会计核算，设立专门的环境成本控制部门以完善企业对环境成本的全面控制[27]。

（12）油气企业国际项目税收研究

由于国内资源大多数已进入开采后期，而居民的日常资源需求却在不断增长，为了应对中国能源安全危机，国内油气企业纷纷开始进行国际项目合作。卢丽滟（2019）阐述了为解决当下很多跨国集团的逃税避税问题，国际税收体系进行了新一轮的改革。新的国际税收体系将对于跨国公司的经济业务活动进行更严格的检查，各国之间也将加强税收合作打击逃税避税行为。中国油气企业在海外进行投资开发时应更注重税务风险管控问题，加快税务人才培养[28]。单向超（2020）指出，由于国际形势的变化和各个资源国之间税费制度的差异，国际石油工程项目经常面临税收风险问题，要想合法合理地避免国外高昂的税收成本，就要深入了解当地的税费制度并与当地合作企业实现信息互通，聘请高素质人才进行税收规划才能使国际石油工程项目得到较大收益[29]。

1.2.2 国外研究综述

受国外油气税费资料来源、地域等限制，国内学者对此研究相对比较薄弱，近年来主要围绕如下部分产油国油气税费制度展开研究：

（1）主要产油国油气税费制度比较分析

世界主要产油国包括：加拿大、美国、英国、俄罗斯、土库曼斯坦、挪威、法国、澳大利亚、印度尼西亚、马来西亚、哥伦比亚、越南、印度、巴基斯坦、沙特阿拉伯、利比亚、阿尔及利亚、埃及、巴西、委内瑞拉、墨西哥、阿根廷等国家。有代表性的研究包括：单卫国（1996）从国外石油税制结构、模式、重要税种、税基、税率以及国外石油税制的发展趋势等方面进行纵向和横向的比较，并对中国的石油税制改革提出了建议，是国内研究国外油气税费最早的权威精品力作[30]。高世星（1993）通过对美国、英国、巴西、委内瑞拉、挪威、埃及、澳大利亚、马来西亚、加拿大和哥伦比亚10个国家的石油税收进行考察，指出，这些国家石油资源丰富，原油年产量在亿吨以上的国家有美国、英国、挪威、委内瑞拉、马来西亚和加拿大6个国家。这些国家都十分重视运用税收手段推动石油开采业的发展，对石油税收或单独立法、或在总税法中列有专门条款，并依据石油开采及油价变动情况，及时调整石油税收法令法规，既保证了国家的重要财政收入来源，又适当控制石油开采企业的盈利水平[31]。韩继秋（2016）通过对比研究国内外税费制度理论发现，矿业发达国家对矿产资源的税费体系设计考虑更为全面，覆盖了矿产资源开发的整个动态周期，并以加拿大和澳大利亚为例，建立模型进行比较研究分析，结合国外经验建立了更适合中国的具有比较优势和可持续发展能力的矿产资源税费制度[32]。M. R. Tsibulnikova等（2016）以哈萨克斯坦一家位于俄罗斯联邦的石油和天然气公司为案例进行研究，计算其在俄罗斯和哈萨克斯坦分别支付的资源租金。计算结果表明，俄罗斯和哈萨克斯坦的矿产资源回收税之间存在显著差异。哈萨克斯坦的累进税鼓励勘探和开发小型公司开发小型油气田，大公司由于回收了更多的石油因此纳税额更大。而在俄罗斯，税率的差异与油田类型有关，如果储量难以提取或油田趋于枯竭，则采用递减系数，反而加强了石油部门内部的垄断。在避免垄断现象方面，哈萨克斯坦的累进矿产税制度对于纳税人更加灵活和适当，或许可以适用于俄罗斯[33]。王守春（2020）介绍了当下中美两国的税费体系，并利用一些数据指标对两国油气企业的税负进行了全面的对比分析，在此基础上建议中国进一步降低油气企业税负，加强国际竞争能力[34]。马秀明（2020）着重介绍了哈萨克斯坦和中国油气项目涉及的税费种类，并分别介绍了各种税费的计算方法，通过对比发现，除增值税和所得税等通用税费类似外，哈萨克斯坦与中国的税收体系有很大差异，税收种类繁多复杂，整体税负更高一些[35]。

（2）基于全球节能减排目标的税费制度改革研究

Kerstin Engström 等（2017）认为，对化石燃料征收全球碳税是一项缓解战略，旨在降低大气二氧化碳浓度和辐射。Kerstin Engström 等运用气候—经济模型研究不同的碳税如何通过允许税收影响能源供应企业的利润从而影响经济，当供应与需求相等时，石油、煤炭和清洁能源即可被确定为市场结果，不同碳税政策导致的市场结果不同。他们还构建新的综合评估建模框架，结合气候—经济模型、社会经济土地利用模型和生态系统模型，评估了生物能源需求变化的直接影响，以及耕地面积、陆地生物圈碳平衡消费和作物产量变化的间接影响。考虑到碳排放，发现对化石燃料企业征收碳税仅适用于人口发展率低和可持续性标准强的情况，人类只有坚持走绿色发展道路，碳税才能发挥它应用的作用[36]。E. ladrennikova（2018）在不考虑负面环境影响和资源量的情况下，运用各种理论和实证研究方法分析了现行的俄罗斯联邦燃油税制度。作者考虑到燃油效率和二氧化碳排放等因素，建议提高燃油税税率和汽车燃料价格，从而鼓励驾车者使用公共交通工具，减少空气污染物的排放，促进城市可持续发展，这样还有可能消除汽油和柴油之间的扭曲竞争，影响政府财政收入，进而改善城市居民生活状况[37]。Mohammad Haider Kamruzzaman 等（2020），以孟加拉国为例，使用欧洲道路运输排放模型合理估计外部性，利用吸入量等参数估算出修正后的最佳燃油税，该方法有利于其他发展中国家实现 INDC 目标。决策者可以比制定燃油税政策来实现温室气体减排目标，并建议燃油税收入用于改善现有道路状况，以此获得最大福利收益[38]。

（3）探究在新的国际经济形势下油气资源税收收入对国家或者区域间的经济影响

Olagunju Kehinde J（2019）以尼日利亚为研究对象，在研究中采用普通最小二乘法（OLS）进行回归分析以探索该国 RGDP（因变量）和各种税费之间的关系，借助完全修正的普通最小二乘协整回归方程来确定非石油税收收入对RGDP的影响，回归结果显示了非石油税收收入与经济增长之间存在正向积极显著的关系，非石油税收收入与经济增长之间的积极关系若想成立，政府需制定和实施有效的税收政策，以便继续创造必要收入。此外，征税当局应更加积极作为，以创造更多税收收入[39]。Lindholt lars（2021）以挪威为例，利用全球石油市场的部分均衡模型分析了企业要求高收益率对含油区税收收入的影响，并指出：自油价下跌以来，多数石油企业投资方向转为非常规油气资源开发以及投资滞后时间较短的常规石油项目，并且企业界对经济气候风险的意识不断提高。挪威作为资源型国家，其石油和天然气税收收入在国家财政收入中占有较大比例，作者通过应用各种要求的回报率以及油价推导出了2018—2050年期间挪威的未来石油产量、投资和税收。研究结果表明，针对以前常规项目的投资减少并不会使政府税收收入降低，在油价相对较低的情况下，企业要求更高的回报率反而对政府有利，所以政府不一定需要刺激投资和活动。然而，出于其他原因，政府可能需要使用财政工具来激励基于更高要求回报率的投资[40]。

1.2.3　国内外研究评价

油气税费研究是税收学理论研究的重要组成部分。经过多年的理论探索，中国油气税费的研究取得了一定成果，主要表现在三个方面：

首先，通过1994年税制改革前后的纵向和与其他能源行业及国外油气行业的横向比较，得出了“中国油气行业税收负担较重”这一结论。

其次，指出了资源税与矿区使用费重复征收问题，建议推进资源税制整合，并引进权益金制度；指出生产型增值税对油气行业不适合，应将油气行业纳入留抵退税范围内；建议消费税实行价外税制度，并进行燃油税改革；提出推进环保税在中国的实施与改进的建议思考等。

最后，介绍了美国、俄罗斯、哈萨克斯坦、澳大利亚等主要产油国油气税费制度，并对国际油气税费政策的发展趋势加以研判。目前国外研究的重点仍是在针对节能减排目标上进行的税收制度改革，如增收燃油税、推行碳税政策以及利用财税政策支持非常规油气资源开采等，都是在向绿色税制的方向前进，为国家的能源安全未雨绸缪。

在肯定中国的油气税费研究取得一定成果的同时，也应清醒地看到目前有关油气税费的研究存在的局限性，主要表现为：

第一，国外油气税费研究多集中于资源充裕国家，资源匮乏国家的油气税费制度很少涉及。

第二，国外油气税费研究零星、分散，不够深入，尤其是缺乏系统性分析，多局限于某个产油国油气税费研究或仅局限于矿区使用费、所得税、增值税等某些税费种类的介绍。

第三，国内油气税费的研究主要是在思辨、定性研究的范式下进行，较少采用实证研究，缺乏一定的科学支撑。

第四，系统地运用税收理论研究油气税费较少，大都属于实务性研究，缺乏理论深度和高度。

第五，缺乏绿色税费制度理念，对于资源衰竭地区的税费补偿机制研究还不够全面深入。

第六，未将国家和油气企业作为一个有机整体统一谋划，或从国家角度希望油气企业跟随国家经济战略布局，拉动经济增长，维护生态环境，但对油气企业如何参与国家战略和不断上涨的生态成本却很少涉及；或从企业角度分析税收负担，大都主张减轻油气企业税费负担，很少从国家调控角度分析油气税费改革，形成了研究观点及结论的对立化。

未来油气税费研究的发展趋势可以概括为以下八个方面：

一是站在国家经济战略角度引领油气企业发展，使油气企业成为中国全球经济战略的有力推动者。

二是运用规范研究与实证分析相结合的方法对油气税费负担、改革原则、理论依据等进行深入探讨。对油气税费的理论分析和定性分析主要采用规范研究方法，对油气税费的定量分析主要采用实证分析方法。

三是由单纯的国内现行油气税费研究向与国内外对比研究转变，即运用纵向比较对新中国成立以来油气税费进行比较研究，运用横向比较对国外主要产油国油气税费进行比较系统的研究。

四是在系统研究国外主要产油国油气税费的基础上，分析对中国油气税费改革的借鉴和启示。

五是由重视单一税费种类的研究向油气税费体系设计研究转变。

六是注重资源开采和生态环境保护相结合，利用科技发展优化油气资源的可持续发展能力。

七是注重石油企业在进行国际合作时的税收安全，关注全球税收改革趋势变动，立足于资源国税费制度进行合法税收筹划。

八是借鉴国外主要产油国税费经验，在尊重资源差异性的前提下对中国非常规油气资源的开采税费制度进行优化设计。

1.3 研究对象、思路与内容

1.3.1 研究对象

本书以油气资源税费制度为对象，重点研究制约油气资源发展战略的税费问题及具体改革建议。研究对象界定如下：

（1）关于研究领域

选题属于油气开发经济论证研究，因此要把油气开发工程的相关理论、方法应用到这一研究对象之中。

（2）关于研究范围

选题属于中国油气资源税费制度研究，即属于油气资源税费制度现状的分析及税制改革设计的研究，涉及中国油气资源发展现状及未来趋势、现行税费体系中存在的问题及未来税制改革的趋势分析，研究过程中应充分考虑油气行业的特殊性，维护生态环境的重要性，勘探、开发陆上油气资源、海洋油气资源及油品销售过程中的战略及其税收问题，以及世界范围内油气资源税制发展趋势。

（3）关于研究角度

研究站在实施国家油气资源发展战略角度，探讨构建有利于促进油气资源勘探、开发和利用，并符合国际税费发展趋势的油气税费制度体系。

总之，从促进实施油气资源发展战略的角度研究税费制度问题，将油气资源发展战略与税费理论结合起来，将油气税费的特殊性与税收的一般原理结合起来，运用定性与定量分析、以定性分析为主的研究方法，系统分析制约油气资源行业发展的税费问题，并提出相应对策与建议，为油气资源发展战略的有效实施和税费制度改革提供理论支持。

1.3.2 研究思路

（1）阐述油气资源发展战略及与本选题有关的基础理论，诸如矿产资源公共产品理论、地租理论、外部性理论、矿产资源价值理论、矿产资源耗竭性理论、可持续发展理论、收益分配理论和生态价值理论等有关理论与方法，这是本书研究的理论基础。

（2）围绕制约中国油气资源行业发展的税费问题展开研究。在阐述中国油气税费历史沿革的基础上，具体分析近年来油气税费制度调整产生的影响，重点分析当前油气税费制度存在的问题及其产生原因，这是本书的重点研究内容。

（3）提出对策与建议。在借鉴国外主要产油国油气税费经验的基础上，结合中国油气税费历史改革和特点提出改革的对策与建议。

1.3.3　研究内容

本书主要的研究内容如下：

- 油气资源发展战略；
- 油气资源税费历史沿革；
- 油气税费制度的调整及其对油气企业的影响；
- 制约中国油气资源行业发展的税费问题及其原因；
- 国外主要产油国油气税费比较分析；
- 油气资源税费改革遵循的原则和取向。

1.4　研究方法

本书采用的研究方法主要有文献分析法、调查研究法、理论分析法、对比分析法和实证分析法。

（1）文献研究法

通过大量搜集国内外油气税费相关研究领域文献材料，并加以整理、归纳、分析和研究，对国内外研究现状进行评价，得出当前研究存在的局限性和未来研究趋势，为更加全面、科学、客观地深入研究奠定了文献基础。

（2）调查研究法

对税务部门、油气企业、石油石化行业专家进行走访调研，全面了解相关企业经营情况及税负、税收筹划、最新前沿政策，使课题研究具有实践基础。

（3）理论分析法

本书立足于完善油气税费制度，从公共产品理论、外部性理论、地租理论、矿产资源价值理论、矿产资源耗竭理论、可持续发展理论、收益分配理论和生态价值理论等方面对中国油气税费制度进行理论分析，并着力分析主要基本理论在油气资源开发及其生态环境领域的具体表现。

（4）对比分析法

通过借鉴国外油气税费实践经验，就油气税费种类、模式和税费制度等进行对比分析，从而得出国外油气税费启示，为中国油气税费改革提供参考。

（5）实证分析法

首先，阐述增值税转型对油气企业税负影响的数理分析；其次，构建增值税转型引起企业总体应纳税金变动模型，来进一步分析增值税转型对油气企业增值税负和整体税负的影响；最后，以大庆油田 2002—2004 年的相关数据作为样本，对增值税转型给油气企业税负带来的影响进行实证分析。

1.5　创新之处

本书在前人研究的基础上进一步深入探讨，提出了一些新观点，其创新之处主要体现在以下四个方面：

第一，归纳并构建了中国油气资源税费体系，该税费体系主要由通用税费、特殊税费和专门税费构成。

第二，对油气税费改革进行阶段划分，并对各个阶段进行学术评价。继 20 世纪 90 年代作者在国内学术界首次提出油气税费历史沿革阶段划分标准的基础上，重点对新税制实施以来油气资源的增值税、营业税、消费税、资源税和企业所得税的历次调整进行较为全面系统地分析与评价，同时，对燃油税的发展历程进行了科学划分。

第三，从促进中国油气资源行业发展的视角剖析油气税费制度存在的主要问题，并给出了相应的改革建议。提出了增值税应加大优惠力度，调整分成比例；消费税采用税收共享模式、征收环节由生产环节后移至销售环节、调整为价外税；所得税给予油气资源地政府额外分成、增加税收优惠、采用差别税率；资源税应明确资源税立法宗旨及目的、完善计税依据、提高税率并加大优惠减免力度、建立资源耗竭补偿基金；环境保护税应完善税收优惠及使用机制、扩大征收范围、加强部门间、企业部门间工作协调性和配合度；石油特别收益金应完善中央政府与地方政府分配管理，调整征收方式；水土保持补偿费应明确主体、客体、补偿标准，拓宽水土保持补偿途径、增加补偿方式等具有创新性的改革建议。

第四，提出新的油气税费立法理念，将生态补偿理念融入油气资源税费体系，着重考虑油气资源行业的特点进行税费制度设计并建立专项税收优惠政策，并在此基础上推进中国油气资源税费制度改进。

第2章

油气资源状况及油气税费制度研究基础

2.1 油气资源状况

2.1.1 世界油气资源状况

2.1.1.1 油气资源储量

（1）世界油气资源丰富，发展潜力较大

目前，世界石油可采资源的储量约为4500亿吨，现已累计探明石油可采储量为2400多亿吨，扣除历年采出量，2010—2020年全球剩余石油储量小幅攀升，截至2020年剩余石油可采储量为2444亿吨，同比增长3.27%（见表2-1），按照目前产量增长速度可供开采46.8年左右。另外，全球待探明的可采石油资源还有1600多亿吨，只要有足够的投资和勘探工作量，全世界的石油产量高峰，预计将在2030年前后到来，届时年产量将由目前的45亿吨上升至50亿吨左右。据国际能源机构预测，世界石油储量在未来20年有翻番的可能。

表 2－1　　2010—2020 年全球石油储量变化　　单位：亿吨

年份	储量	同比增长（%）	欧佩克储量	同比增长（%）
2020	2444.00	3.27	1680.20	1.39
2019	2366.71	3.75	1657.16	0.02
2018	2281.24	－0.51	1656.88	－3.11
2017	2293.00	1.70	1710.00	2.98
2016	2254.61	－0.6	1660.52	0.0
2015	2268.78	0.1	1652.06	0.0
2014	2268.39	0.5	1652.29	0.4
2013	2252.76	0.4	1644.99	－0.3
2012	2243.64	7.7	1650.29	8.3
2011	2086.61	3.6	1524.45	4.5
2010	2013.37	8.5	1458.76	11.9

资料来源：萧芦："世界石油储产量及天然气储产量"；《bp 世界能源统计年鉴》2021；梁刚："世界石油储产量及天然气储量"；美国《油气杂志》。

过去 50 年来，天然气探明储量长足增长，增幅超过石油。2017—2020 年中国天然气已经连续 4 年增产超过 100 亿立方米，增速均远高于当年原油产量增速。1970 年世界天然气剩余可采储量仅为同期石油剩余可采储量的 50%，1996 年初世界天然气剩余可采储量达 140 万亿立方米，相当于同期石油剩余可采储量的 95% 左右。随着科学技术的不断进步和勘探开发的深入，近年来世界天然气剩余可采储量呈现逐年上升的趋势，1996—2000 年世界天然气剩余可采储量的年均增长率为 1.68%，2001 年世界天然气可采储量 155.08 万亿立方米[41]，2020 年为 188.10 万亿立方米，年均增长率达到 1.95%，是 1996—2000 年平均年增长率的 1.16 倍。据美国《油气杂志》公布，全世界天然气探明剩余储量已经达到 206.1 万亿立方米，按目前消费水平可供开采 49.8 年左右。另据 2020 中国国土资源部的数据，到 2020 年底，全世界天然气探明储量已经达到 198.8 万亿立方米。

总之，随着油气勘探开发水平的提高，世界油气资源可采资源量、探明储量和生产量随着经济的发展和消费需求的增长而增长。未来世界石油资源的增加将主要依赖提高采收率、待发现油气资源和非常规油气资源的开发利用，其中天然气资源潜力巨大。

（2）世界油气资源分布不均，对中东等部分地区的依赖进一步加深

据 2021 年英国石油公司（BP）发布的国际权威的《bp 世界能源统计年鉴 2021》统计，截至 2020 年底，全球石油探明储量 1732.4 亿桶，同比增长 -0.14%，可供开采 46.8 年。全球石油储量主要分布在中东地区，该地区探明储量 835.9 亿桶，占世界总探明储量的 48.3%。主要集中在石油输出国组织（欧佩克）海湾国家，其中占世界储量前五位的国家有委内瑞拉（占世界 17.5%）、沙特（占世界 17.2%）、伊朗（占世界 9.1%）、伊拉克（占世界 8.4%）、科威特（占世界 5.9%），其他几个储量较大的欧佩克成员国有阿联酋（占世界 5.6%）、利比亚（占世界 2.8%）和尼日利亚（占世界 2.1%）等。总体上欧佩克成员国占世界石油探明剩余储量的 70.1%，非欧佩克成员产油国主要分布在美国、加拿大、墨西哥等北美国家（占世界 14.0%）和俄罗斯、哈萨克斯坦等独联体国家（占世界 8.4%），美国和中国的石油探明剩余储量分别居世界第 9 位和第 13 位。此外，世界石油探明储量分布在中南美洲和北美地区均在 10% 以上；独联体、非洲、亚太和欧洲地区分别占 8.4%、7.2%、2.6% 和 0.8%。未来 10 年世界石油资源增长主要来自中东、俄罗斯、中亚、南美、北非 5 个地区。

与石油一样，全球天然气储量分布比较集中，探明储量排序依次为中东、亚太、北美洲、非洲、中南美洲和欧洲及欧亚大陆（见表 2-2）。

表 2-2　2020 年世界天然气剩余探明储量统计表　单位：万亿立方米

地区	探明储量	所占份额（%）	储采比（R/P）
亚太	16.6	8.8	25.4
北美洲	15.2	8.1	13.7
欧洲及欧亚大陆	3.2	1.7	14.5
中东	75.8	40.3	>100
非洲	12.9	6.9	55.7
中南美洲	7.9	4.2	51.7
欧盟 25 国	0.4	0.2	9.2
世界合计	188.1	100.0	48.8

资料来源：《bp 世界能源统计年鉴》2021。

2.1.1.2 油气资源产量

（1）世界石油产量稳定增长

据美国《油气杂志》发布的全球油气产量统计，2014—2020年全球原油及凝析油产量总体上稳中有升，尽管2019年与2020年两年期间因新冠疫情等原因影响产量连续两年小幅下降至41.65亿吨，但2014—2018年产量由42.27亿吨稳步上升到44.84亿吨，年均递增0.99%（见表2-3）。石油产量主要来自中东、独联体和北美地区，欧佩克成员国和独联体地区分别占全球产量35.36%和15%，中东和美洲各占了全球产量的1/3，东欧及独联体地区次之，非洲、亚太和西欧地区对产量贡献较小。石油产量排在前五位国家有美国、俄罗斯、沙特阿拉伯、加拿大和伊拉克。

表2-3　　2014—2020年世界石油产量表　　单位：亿吨

年份	年产量	同比增长（%）	排名前五位国家
2014	42.27	2.35	沙特阿拉伯、俄罗斯、美国、中国和加拿大
2015	43.58	3.10	沙特阿拉伯、美国、俄罗斯、加拿大和中国
2016	43.75	0.39	沙特阿拉伯、俄罗斯、美国、加拿大和伊拉克
2017	43.85	0.23	美国、沙特阿拉伯、俄罗斯、加拿大和伊朗
2018	44.84	2.26	美国、沙特阿拉伯、俄罗斯、加拿大和伊拉克
2019	44.78	-0.13	美国、俄罗斯、沙特阿拉伯、加拿大和伊拉克
2020	41.65	-6.99	美国、俄罗斯、沙特阿拉伯、加拿大和伊拉克

资料来源：《bp世界能源统计年鉴》2021。

（2）世界天然气产量逐年上升

据2021年统计数据，2014—2020年世界天然气产量总体上逐年上升，2020年全球天然气产量38537亿立方米，比2018年增长-3.3%左右。其中，欧洲和欧亚大陆占5.7%，北美洲占28.8%，亚太地区占16.9%，中东占17.8%，非洲占6.0%，中南美洲占4.0%，世界天然气产量主要集中在北美、独联体和中东地区，这三个地区天然气产量占世界总产量的2/3左右（见表2-4）。

表 2－4　**2014—2020 年世界天然气产量**　单位：亿立方米

地区	2014 年	2015 年	2016 年	2017 年	2018 年	2019 年	2020 年	同比增长（%）	占世界比例（%）
北美	9150	9490	9430	9583	10529	11303	11099	－2.1	28.8
中南美洲	1760	1780	1779	1814	1759	1723	1529	－11.5	4.0
欧洲和欧亚大陆	2661	2608	2599	2627	2514	2352	2186	－7.3	5.7
中东	5826	6008	6241	6395	6633	6782	6866	1.0	17.8
非洲	2035	2080	2119	2295	2414	2438	2313	－5.4	6.0
亚太	5333	5600	5790	6046	6266	6582	6521	－1.2	16.9
世界合计	34259	35006	35404	36725	38575	39893	38537	2.4	100
欧盟 25 国	999	843	823	768	688	611	478	－21.9	1.2
OECD	12320	12715	12869	13233	14193	15062	14785	2.6	37.8
独联体	7614	7549	7563	8002	8413	8582	8024	－6.8	20.8

资料来源：《bp 世界能源统计年鉴》2021。

2020 年，世界天然气产量排名前三位的国家是美国、俄罗斯和伊朗。其中，美国天然气产量 9146 亿立方米，占世界天然气总产量的 23.7%；俄罗斯天然气产量 6385 亿立方米，占世界总产量的 16.6%；伊朗天然气产量 2508 亿立方米，占世界总产量的 6.5%（见表 2－5）。

表 2－5　**2020 年世界天然气产量前十位的国家**　单位：亿立方米

排名	国家	产量	占世界比例（%）
1	美国	9146	23.7
2	俄罗斯	6385	16.6
3	伊朗	2508	6.5
4	中国	1940	5.0
5	卡塔尔	1713	4.4
6	加拿大	1652	4.3
7	澳大利亚	1425	3.7
8	沙特阿拉伯	1121	2.9
9	挪威	1115	2.9
10	阿尔及利亚	815	2.1

资料来源：《bp 世界能源统计年鉴》2021。

2.1.1.3 油气资源消费

(1) 石油消费持续增长，亚太地区增长较快

2003年以来，随着世界经济的复苏，消费量呈现加快增长的势头。2011年世界石油消耗约为43.59亿吨，2020年约为44.06亿吨。10年间，世界石油消费的年均增长率约为1%，2019年石油消费增速为1.9%，2014—2019年平均增速1.5%，这得益于2013年后充足的市场供应和低油价刺激。近年来石油消费增速的缓慢提升，导致石油消费结构占比虽然仍保持在32%~33%，但却在全球能源消费中占比缓慢下降[42]。

世界各地区石油消费并不均衡，近年来，世界石油消费集中在北美、欧洲和亚太地区。据英国BP的统计，2020年世界石油消费量为44.06亿吨，比2019年增长-0.93%。石油消费主要集中在北美（占世界23.5%）、亚太（占世界38%）及欧洲和独联体（占世界14.5%）三个地区，占世界石油消费总量的近76%（见表2-6）。其中，欧洲石油消费2018—2020年呈缓慢下降趋势，北美地区呈缓慢下降趋势，亚太地区经济增速加快，石油消费激增，约占同期世界石油消费量的38%。2020年在世界十大石油消费国中，亚太地区有4个国家名列其中，中国第二、印度第三、日本第五、韩国第七（见表2-7）。

表2-6　2020年世界各地区石油消费量表　单位：亿吨

地区	石油消费量	占世界（%）
北美	10.34	23.5
中南美	2.63	6.0
欧洲和独联体	6.37	14.5
中东	4.14	9.4
非洲	1.77	4.0
亚太地区	16.74	38.0
全世界	44.06	100.0
其中：欧盟国	4.87	11.0
经合组织	20.06	45.5
独联体	2.07	4.7
其他新兴经济体	24.00	54.5

资料来源：《bp世界能源统计年鉴》2021。

表 2－7　　2020 年世界消费居前国家的石油消费量表　　单位：百万吨

排序	国家	石油消费量	占世界比例（%）
1	美国	855.38	19.4
2	中国	708.34	16.1
3	印度	232.49	5.3
4	沙特阿拉伯	176.47	4.0
5	日本	162.73	3.7
6	俄罗斯	161.24	3.7
7	韩国	127.48	2.9
8	巴西	115.67	2.6
9	加拿大	113.63	2.6
10	德国	101.83	2.3

资料来源：《bp 世界能源统计年鉴》2021。

通过以上数据不难看出，北美、亚太、欧洲和独联体的石油消费量非常大，如前所述，这些地区石油消费量合计占世界石油消费量的 76%。

据国际能源机构预测，未来 10 年内，世界石油消费将以 1.94% 的速度增长，低于过去 10 年的平均增长水平。2030 年世界石油消费量将达到 53.38 亿吨，比 2020 年增加 9.32 亿吨。到 2030 年，亚太地区的石油消费量将从 2020 年的 16.74 亿吨增加到 20.49 亿吨左右。《2050 年世界与中国能源展望》指出，世界清洁能源有望满足未来全球能源需求的总增量，亚太将成为世界唯一原油净进口地区，预计到 2050 年，亚太地区将承接世界 95% 以上的原油净进口量。

（2）天然气消费增长迅速，北美、欧洲和欧亚大陆、亚太和中东成为天然气消费的主要地区

进入 21 世纪以来，天然气在能源消费结构中所占份额逐步扩大，成为能源消费结构中的重要角色。1980 年世界天然气消费量为 14809 亿立方米，2020 年增长到 39292 亿立方米，增长近 2 倍。过去 10 年内，天然气探明储量平均每年增长 0.45%，产量平均每年增长 2.03%。天然气在初级能源中的比例从 1980 年的 19% 增加到 2020 年的 24.72%。据有关专家预测，未来 10 年内，全世界天然气消费年均增长率将达到约 10%[43]，发展速度超过石油、煤炭和其他任何一种能源，特别是亚洲发展中国家的增长速度会更快。另据《2050 年世界与中国能源展望》（2019 版、2020 版）预测，2020 年后，全球初级能源

需求占比将维持在45%以上，天然气占比将上升至30%，超过石油成为第一大能源。

2020年世界主要的天然气消费地区有北美、欧洲和欧亚大陆、亚太和中东地区。其中北美、亚太地区天然气消费量占世界消费总量的49.5%（见表2-8）。

表2-8　2020年世界各地区天然气消费量表　单位：亿立方米

地区	消费量	占世界（%）
北美	10309	27.0
中南美	1456	3.8
欧洲和欧亚大陆	5411	14.2
中东	5523	14.4
非洲	1530	4.0
亚太地区	8616	22.5
世界合计	38228	100.0

资料来源：《bp世界能源统计年鉴》2021。

2020年天然气消费量占世界前10名的国家依次是美国、俄罗斯、中国、伊朗、加拿大、沙特阿拉伯、日本、德国、墨西哥和英国（见表2-9）。

表2-9　2020年世界消费居前国家天然气消费量表　单位：10亿立方米

排序	国家	消费量	占世界比例（%）
1	美国	832.0	21.8
2	俄罗斯	411.4	10.8
3	中国	330.6	8.6
4	伊朗	233.1	6.1
5	加拿大	112.6	2.9
6	沙特阿拉伯	112.1	2.9
7	日本	104.4	2.7
8	德国	86.5	2.3
9	墨西哥	86.3	2.3
10	英国	72.5	1.9

资料来源：《bp世界能源统计年鉴》2021。

2.1.2　中国油气资源状况

2.1.2.1　油气资源储量

（1）石油储量比较丰富，但剩余可采储量有限

2019 年中国石油新增探明地质储量 11.24 亿吨，其中新增探明技术可采储量 1.6 亿吨；另据美国 2020 年 12 月《油气杂志》发布的全球原油产量和油气储量年终统计，2020 年中国石油剩余可采储量约为 35.55 亿吨。从静态角度预测，在没有重大探明储量增加的情况下，按照 2019 年 1.91 亿吨的开采速度，35.55 亿吨还够开采 18 年左右。中国东部老油区已处于稳产阶段后期，剩余可采储量降幅明显，但西北和海域的增产弥补了东部老油区产量的下降。未来东部老油区与西北、海域之间的减增平衡状况决定着石油剩余可采储量和产量的变化趋势。由此可见，油气资源已经成为一种十分紧缺的战略资源。

2019 年中国石油新增探明地质储量大于 1 亿吨的盆地有 3 个，分别是鄂尔多斯盆地、准噶尔盆地和渤海湾盆地（含海域）；新增探明地质储量大于 1 亿吨的油田有 2 个，为鄂尔多斯盆地的庆城油田和准噶尔盆地的玛湖油田。

（2）天然气储量增幅创世界纪录，勘探开发力度明显加大

截至 2019 年，中国天然气探明储量约为 8.4 万亿立方米，比 2018 年的 6.1 万亿立方米增长了 37.7%。2019 年全国新增天然气探明地质储量 1.58 万亿立方米，同比增加约 6000 亿立方米，创历史纪录。其中，常规天然气新增探明地质储量 8091 亿立方米，新增技术可采储量 3521 亿立方米。天然气新增探明地质储量大于 1000 亿立方米的盆地有 2 个，分别为鄂尔多斯盆地和四川盆地；新增探明地质储量大于 1000 亿立方米的气田有 3 个，为鄂尔多斯盆地的靖边气田和苏里格气田，以及四川盆地的安岳气田[44]。据《中国天然气发展报告 2020》统计，常规天然气勘探取得一系列重大成果，相继在四川盆地、鄂尔多斯盆地、塔里木盆地及海域等获得重要发现，有望新增一批规模储量资源区；页岩气在四川盆地长宁—威远、太阳等区块取得突破，南川地区实现了常压页岩气勘探新发现。

（3）非常规石油与常规石油的可采资源量大致相当

据初步估算，中国非常规石油的可采资源量约为常规石油的 0.8 倍。稠油的可采资源主要分布于渤海湾、准噶尔和塔里木三大盆地；致密油的可采资源以陆相沉积为主，主要分布在鄂尔多斯、松辽、渤海湾与准噶尔四大盆地；油

页岩油的可回收资源主要分布在松辽、鄂尔多斯、准噶尔、伦坡拉和羌塘等盆地；油砂油的可采资源大部分分布于准噶尔、柴达木盆地。

(4) 非常规天然气较常规天然气可采资源量丰富

中国的非常规天然气可采资源量几乎是常规天然气可采资源量的3倍，致密气可采资源主要分布在鄂尔多斯、四川和松辽等三大盆地，占全国可采资源总量的90%；页岩气主要分布在四川盆地、云南、贵州、广西与重庆东部，湖南与湖北西部地区，占全国总量的77%；煤层气可采资源主要分布在鄂尔多斯盆地东部、沁水、云南东部贵州西部以及准噶尔四大区域；天然气水合物可采资源主要分布于南海与青藏高原地区[45]。

总之，中国石油勘探尚处于中期阶段，天然气勘探尚处于早期阶段，未来中国非常规油气将处于越来越重要的地位，非常规油气产量将继续增长。通过加大勘探投入和技术创新，还将持续获得新发现、增加新储量，发展具有比较雄厚的资源基础。世界主要产油国的石油发展历史表明，当资源探明率达到中等成熟阶段，储量增长将处于一个相对较长的稳定时期。从全球和中国历次油气评价结果来看，随着科技进步、勘探投入的增加和勘探认识的深化，中国油气可采资源量还会不断增长。

2.1.2.2　油气资源产量

(1) 石油产量总体呈上升趋势

从20世纪50年代初期到70年代后期，随着大庆、胜利、辽河等第一批大型油气田的发现，中国的石油工业进入了一个快速发展的历史时期，建成了东部重要油气供应基地。1978年原油产量突破1亿吨大关，从此，不仅满足了国内油气需要，而且还有部分原油出口。80年代以来，中国的油气产量持续增长，国内市场供需基本平衡。进入90年代，国民经济持续快速发展带动了油气需求的迅速增长。石油工业通过发现和开采新油田，调整和挖潜老油田，石油产量增至1.5亿吨以上。进入21世纪，原油产量增长平稳，2020年产量增至1.95亿吨，位居美国、俄罗斯、沙特阿拉伯、加拿大、伊拉克之后，保持全球第六位。1949—2020年中国原油产量见表2－10。

(2) 天然气产量增长迅速

改革开放以来，中国的天然气生产有了很大发展。特别是“八五”以来，天然气探明储量快速增长，进入高速发展时期。由于天然气具有良好的发展前景，中国和世界许多国家一样，大力开发利用天然气资源，并把开发利用天然

表 2－10　　1949—2020 年中国的原油产量　　单位：万吨

年份	1949	1952	1957	1962	1967	1972	1977	1982	1987	1990
产量	12	44	146	575	1388	4567	9364	10212	13400	13830
年份	1995	1996	1997	2000	2010	2016	2017	2018	2019	2020
产量	15005	15733	16074	16300	20301	19970	19150	18910	19100	19500

资料来源：1949—1997 年数据来自《中国工业交通能源 50 年统计资料汇编》，中国统计出版社；2000—2018 年数据来自博思数据发布的《2019—2025 年中国天然原油市场分析与投资前景研究报告》；2019—2020 年数据来源国际石油网。

气作为能源发展战略的重点之一。2013—2020 年天然气年产量由 1218 亿立方米增长至 1940 亿立方米，年平均增长 6.88%（见表 2－11）。据《中国天然气发展报告（2021）》显示，中国在“十三五”时期，累计建成长输管道 4.6 万千米，天然气管道总里程达到 11 万千米。

表 2－11　　2013—2020 年中国天然气产量　　单位：亿立方米

	2013 年	2014 年	2015 年	2016 年	2017 年	2018 年	2019 年	2020 年
产量	1218	1312	1357	1379	1492	1615	1776	1940
同比（%）	9.24	7.72	3.42	1.62	8.19	8.24	9.97	9.00

资料来源：《bp 世界能源统计年鉴》2021。

（3）非常规油气勘探开发进入活跃期

中国经过 10 年的研究，非常规油气勘探开发实现了战略突破，非常规油气产量占全国油气总产量的 22% 以上。2019 年，中国页岩气探明储量达到 1.8 万亿立方米，产量达 154 亿立方米；致密气产量约 400 亿立方米，煤层气产量约 60 亿立方米，致密油产量约 200 万吨[46]。2020 年，中国页岩气新增探明地质储量 1918.27 亿立方米，产量为 200.55 亿立方米，同比增长 30.4%；致密气的技术可采储量预计在 10 万亿立方米左右，累计探明储量近 4 万亿立方米，占全国天然气探明储量的 40%，其中可采储量近 2 万亿立方米，约占全国天然气可采储量的 1/3；煤层气产量 102.3 亿立方米。2021 年，大庆油田发现预测储量 12.68 亿吨的页岩油，预计 5 年内将新增页岩油探明地质储量 10 亿吨，页岩油年产量达到 100 万吨以上。同年，胜利油田济阳页岩油勘探取得多点突破，首批上报预测石油地质储量 4.58 亿吨，初步测算该地区页岩油资源量达 40 亿吨以上，这标志着中国页岩油的勘探开发又迈出了重要的一大步，对于保障国家能源安全、推动页岩油气产业发展具有重要意义。

2.1.2.3 油气资源需求

（1）人均分配石油资源数量较少，进口依存度逐年攀升

尽管中国的自然资源非常丰富，但是由于众多的国内人口对能源的需求也非常庞大，导致虽然国内能源储备较多，但是人均数量却较少，在社会建设与供需关系上，石油供给呈现出短缺的现状[47]。纵观中国石油工业发展的历史，1965 年达到石油生产和消费的平衡，以后随着石油产量的增加，到 20 世纪 80 年代中期，在石油自给的基础上，开始了石油出口，1985 年出口量达到历史最高水平，实际出口原油 3115 万吨。出口量的增多并不意味国内石油产量过剩，而是行政干预控制国内消费的结果。当时国家实行以煤代油政策，国内石油消费增长略低于国内油气产量的增长。但自 80 年代后期开始，随着经济持续快速增长，石油消费增长速度明显高于原油产量增长速度。尤其是 90 年代以后，中国伴随国民经济的迅速增长，石油消费年均增加 5.77%，而同期国内原油供应增长速度仅为 1.67%，其缺口通过进口得以解决，1993 年中国成为石油净进口国。进入 21 世纪以后，石油消费迅猛增长，2002 年高达 2.457 亿吨，跃居全球第二大石油消费国。国家统计局数据表明，2019 年中国原油消费量 6.96 亿吨，年增长 6.8%。国家海关总署公布数据显示，加入 WTO 前的 2001 年，中国石油进口依存度只有 30%。2019 年，中国全年原油进口 5.05 亿吨，对外依存度高达 72.68%。2020 年中国原油进口 5.4239 亿吨，原油、成品油、液化石油气等石油产品同比增长 7.19%，石油的净进口量在国内油品消费量中占比 78.7% 左右，供需矛盾日益凸显。

（2）天然气仍是稀缺能源，在一次能源中占比相对较少

从历史统计中可以看到，1952 年，在中国一次能源消费量中，原油占 3.37%，天然气只占 0.02%；1978 年，原油占 22.73%，天然气只占 3.2%。改革开放以来，中国的石油、天然气消费量有了很大提高，但是一次能源总量提高得更快。2020 年的一次能源消费量中，石油的消费构成占比 19.59%，较 2019 年的 19.67% 下降 0.08%；天然气比重由 2019 年的 7.82% 上升了 0.36 个百分点，占比为 8.18%。2020 年世界一次能源消费结构中，石油占 31.21%，天然气占 24.72%，煤炭占 27.20%，其余为核电、水电和可再生能源。虽然中国天然气消费量比 1952 年有很大增长，但是在中国能源总消费量中的比重仍很小，与世界发达国家或地区相比还有较大差距，远低于世界平均水平 24.72%。

（3）非常规油气储量丰富，需加大力度开发

中国的非常规油气资源丰富，位居世界前列。根据初步估算，非常规石油可采资源量大约是常规石油的 0.8 倍。非常规天然气可采资源量是常规天然气可采资源量的近 3 倍。中国是油气消耗大国，随着中国经济的迅速增长，对能源的需求量越来越大，仅依靠常规油气将难以满足国民经济发展的需求，勘探开发非常规油气资源是解决国家能源问题的有效手段。

2.1.2.4　油气资源供需预测

（1）油气资源需求将逐年增加

未来油气的产量取决于对油气地质的认识水平、油气资源勘探潜力、石油开采技术的发展，还要综合未来国际油价变化趋势等因素。依据中国石油各探区历年油气发现规模与发展情况，结合对剩余油气资源勘探潜力、油气资源的质量评价与分析，预计 2030 年中国原油产量将达到 2 亿吨左右，石油需求量达到 7 亿吨的峰值，有 5 亿吨的缺口。预计 2035 年中国天然气的生产能力将达到 3000 亿立方米左右，天然气的需求量也将达到 6200 亿立方米，有 3200 亿立方米的缺口。2030 年以后，东部早期开发油田的自然耗竭速度还要加剧，但其他地区原油产量将会有所上升，中国油气产量基本将维持稳产局面。天然气在国家减煤增气政策推动下，成为中国近些年需求增长最快的能源产品。预计 2050 年国内天然气消费需求量将超过 8000 亿立方米，天然气在一次能源消费中的比重将超过 25%。《中国能源前景 2018—2050》表示，未来 30 年中国的能源进口需求将从以石油为主逐渐过渡到以天然气为主，预计至 2050 年中国进口天然气将超过 6300 亿立方米，进口依存度高达 78.5%[46]。表 2 - 12 是有关机构对中国的石油需求量预测结果。

表 2 - 12　　不同机构对中国石油需求预测结果　　单位：亿吨

预测机构	需求量	
	2025 年	2030 年
中国石油经济技术研究院	6.77 ~ 7.74	7.17 ~ 7.84
国际能源机构（IEA）	7.30	7.70
美国能源部（EAI）	7.87	8.17
欧佩克（OPEC）	7.58	7.86

资料来源：郑明贵，李期："中国 2020—2030 年石油资源需求情景预测"；欧佩克：《2020 年世界石油展望》。

（2）石油进口依存度将逐年攀升

国内外机构对于中国未来的石油产量有一个基本相同的看法，就是如果没有新的大型油田的发现和技术上突破性进展，中国石油产量预计将不会有大幅度提高，而中国的油气消费还将在现有的基础上持续上升。通过对美、德等13个国家近30年来人均GDP与油气消费的关联分析，各个国家的油气消费变化情况主要受本国工业化程度、产业结构变化和能源结构等多重因素的影响。当一个国家基本完成工业化，进入经济发展的成熟期以后，油气消费的快速增长势头才能逐渐减缓，这是世界的普遍规律。按照中国的经济战略部署，中国将在21世纪中叶完成工业化并基本实现现代化。目前，中国已进入高质量发展阶段，2019年中国经济总量接近100万亿元，人均GDP超过1万美元，对世界经济增长贡献率达30%左右，油气消费额预计到2040年以后进入平稳增长阶段。中国油气产量高峰和需求高峰存在错位。产量高峰出现在2016—2020年，而消费高峰则要在2040年前后到来（见表2－13）。

表2－13　中国石油生产、进口和进口依存度的统计与预测　单位：百万吨

年份	年消费量	产量	净进口量	进口依存度（%）
1994	149.65	146.75	2.90	1.9
1995	157.50	149.02	8.48	5.4
1996	172.40	158.52	13.88	8.1
1997	196.05	162.20	33.85	17
1998	189.37	160.16	29.20	15.4
1999	204.00	160.00	44.00	21.5
2000	233.00	163.00	70.00	30
2015	547.17	214.56	335.48	61.31
2016	577.75	199.69	381.01	65.95
2017	606.11	191.51	419.46	69.21
2018	648.61	189.32	461.91	71.22
2019	696.09	191.01	505.89	72.68
2020	649.65	194.92	456.30	73.00
2025	720.00	159.56	560.44	77.84
2030	699.00	174.75	524.25	75.00
2035	717.00	172.08	544.92	76.00
2040	786.77	157.35	629.42	80.00

资料来源："节能与减排可持续发展的必经之路"；产业信息网，"2020年国内原油消费首次出现下滑，天然气供需两端维持增长"；全国能源信息平台；中央经济网，"中国石油对外依存度2040年或达80% 能源安全脆弱"；"2035年中国石油对外依存度或攀升"；《上海证券报》；郑明贵，李期："中国2020—2030年石油资源需求情景预测"。

（3）天然气消费占比呈上升趋势

天然气是稀缺的能源资源，英国石油公司公布的《bp 世界能源统计年鉴》中明确指出，中国 2020 年一次能源消费总量中天然气消费占 8.18%，石油消费占 19.59%，天然气消费为石油消费的 41.76%。天然气在未来能源转型中将扮演重要角色。到 2030 年，天然气需求将占中国能源总需求的 15% 左右。到 2050 年，世界天然气需求将升至 5.5 万亿立方米，是增幅最大的化石能源，2016—2050 年年均增长 1.43%。中国未来一次能源结构将呈现非化石、煤炭、油气三足鼎立态势，天然气是唯一比重不断上升的化石能源。

2.1.2.5　油气资源面临的主要问题

中国油气资源开发存在一系列的突出问题，已成为制约国民经济发展的瓶颈，具体表现为：

（1）油气资源相对贫乏，储量接替困难

一方面，中国石油资源最终可采储量约为 301 亿吨左右，仅占世界石油可采储量的 4.4% 左右。按每平方千米国土的平均资源比较，中国石油可采资源量的丰度值约为世界平均值的 57%，剩余可采储量丰度值仅为世界平均值的 37%，与世界石油资源量相比，中国具有技术和经济意义的石油资源量相对不足。此外，中国油气资源赋存条件较差，中国石油探明地质储量主要分布在渤海湾盆地（陆上）、松辽盆地、鄂尔多斯盆地等 6 个盆地，埋藏深度以中浅层和中深层为主，天然气探明地质储量主要分布在鄂尔多斯盆地、四川盆地、塔里木盆地等 6 个盆地，埋藏深度以中深层和超深层为主；中国石油剩余技术可采储量主要分布在渤海湾盆地（陆上）、鄂尔多斯盆地、松辽盆地等 6 个盆地，天然气剩余技术可采储量主要分布在鄂尔多斯盆地、四川盆地、塔里木盆地等 7 个盆地。近年来，中国社会的快速发展以及油气资源的工业化开采已经消耗了大量能源。同时，开采过程中技术手段不够先进导致部分浅层油气资源开发殆尽，一些油气资源位于通常难以进行有效利用的山区或高原上，还有一些深海及更深层次的油气资源储备，若要成功开采需要大量资金与先进技术做支撑，迫使我们不断深化提高开采油气资源的技术水平[47]。

（2）勘探投资萎缩，后备储量不足

中国石油资源处于勘探中高期阶段，天然气资源处于勘探早中期阶段，属于快速增长期。因受疫情等原因影响，2019 年与 2020 年的石油消费处于非正常水平，以下以 2018 年数据进行分析。2018 年，中国石油探明储量 35 亿吨，天然气探明储量61千亿立方米，石油与天然气新增探明储量几乎为零。与此同时，2018年石油消费6.73亿吨，同比增长5.3%，天然气消费2830亿立方米，同比增长17.7%，入不敷出的情形必定会导致中国油气资源的匮乏。开发油气资源必须把资源勘探放在领先地位，要保证适当的勘探投资规模。因此，必须根据经济建设的全面安排，按照油气资源预测情况，保证必要的勘探工作量和相应的资金投入，做好战略接替。

然而，从20世纪80年代中后期开始，由于油气价格严重扭曲，投入的生产资料价格大幅度上涨，导致各油气田生产成本急剧上升，使油气工业自1988年开始进入全行业政策性亏损时期。油气工业的发展再次受到了资金严重短缺的制约。面对国民经济快速发展对油气生产越来越高的要求，油气工业在计划经济的严重束缚下，进一步畸形发展。各油气田为保证完成原油产量的硬性指标，不得不挤占勘探投资，造成了勘探投资规模大幅度压缩，勘探投资比例明显下降，以致石油勘探工作步入了难以为继的境地。据有关统计资料分析，自20世纪80年代以来，勘探投资占总投资的比重呈下降趋势。1981年总投资为54.19亿元，勘探投资为21.86亿元，占40.3%；1993年总投资为464.24亿元，勘探投资为119.8亿元，占总投资的25%，降低了15.3个百分点；1995年总投资为600亿元，勘探投资为133亿元，占22.1%，又降低了近3个百分点。1981—1995年总投资的增长速度为27.18%，而勘探投资则为19.79%。这充分说明了勘探投资增长速度没有与总投资同步增长。由于勘探投入少导致储采比例下降，1994年陆上原油采出量已占可采石油储量的66%，已动用储量的储采比下降到11.6，而世界平均水平为40。例如大庆油田在"十三五"期间，累计完成油气产量当量2.15亿吨，每年保持油气产量当量4000万吨以上。这种短期行为必然导致石油工业发展后劲不足，产量的增长越来越跟不上经济的增长。根据开发油气的一般规律，在这样的储采比配置下，稳产处于临界状态，上产难度较大。

（3）石油资源接替困难，产量增长乏力

中国高产的油田大部分集中在东北、中原一带，这些油气田大都处于开发的中后期，含水率达到86%，原油产量呈明显下降趋势，开发难度越来越大，开发工艺要求越来越高，成本逐年上升。原油产量2016年出现大幅下滑跌破3亿吨标准煤，2017年、2018年继续下滑，但2018年降幅收窄，2019年原油产量增速由负转正。以大庆油田为例，从1960年投产以来，已累计探明石油地质储量65亿吨，已动用的储量达48.25亿吨。从1976年到2002年，大庆创造了连续 27 年原油产量 5000 万吨以上的记录。但从 2003 年开始，大庆油田原油产量首次降到 5000 万吨以下，2003 年为 4840 万吨，2006 年为 4338 万吨，2018 年为 4167 万吨，2020 年为 3001 万吨，中国石油天然气股份有限公司计划大庆油田 2025 年原油产量为 2000 万吨左右。2020 年综合含水率已高达 98%，个别区块采油成本甚至高于油价。除大庆油田外，东部其他主要油田产量下降也较快。东部油田资源的勘探大多已进入成熟或衰退阶段，新增可采储量连续几年抵不上当年的采出量，储采比不断下降，油田采出成本高，产量递减加快。

西部作为中国油气工业的未来主战场，经多年大量勘探，已探明了相对较大的油气储量。据推测，分布在中、新生界的白垩系和第三系的资源占总资源量的 70%，黏度大的重油和低渗透石油资源占总资源量的 43.6%。但这些资源埋藏较深，工艺技术要求高，导致勘探技术难度很大。尽管近年来西部油区石油产量有较快的增长，但由于地处沙漠，自然条件恶劣，基础设施缺乏，至今仍未能形成大规模的油气基地。要想扩大西部油区产量，又不得不面临着技术、投资等多重难题。

中国海洋石油地质蕴藏量尚属丰富，进入 20 世纪 90 年代以来，海洋石油以 46.08% 的年均速度递增。2020 年中国海上油气产量突破 6500 万吨油气当量，创历史新高。但海上油区条件复杂，勘探开发难度较大，且海洋石油公司大部分与国外石油公司合资开发，采出原油均要与外国公司分成，中国分到的原油量仅有几百万吨。因此，当前中国海洋石油在全国原油生产中虽然具有极大的发展潜力，但也仅起辅助作用。

总之，西部和海上原油产量这几年呈快速增长态势，但增长潜力有限，产量增长难以弥补东部的递减。

（4）原油产量滞后于经济发展，对外依存度不断攀升

从中国的石油消费和生产增长情况看，二者之间的缺口正在逐步加大。国民生产总值的增长与对石油的需求成正比例，按国民生产总值每增长 1 个百分点相应要求石油需求增长 0.5% ~0.8% 的比例计算，石油消费量每年至少应递增 5% ~6% 才能满足需求。1991 年开始，随着国民经济的持续快速发展，石油消费量也迅速增长。1991—2003 年，平均每年增长 1170 万吨，年递增 7.1%。然而同期原油产量保持比较平稳的增加态势，1990—2004 年国内原油产量年均增长率仅为 1.7%。石油供需差距很大，只能依靠进口补充不足[49]。

1993 年开始，中国成为石油净进口国。此后几年内，中国的石油进口量

每年递增1000万吨左右，而且逐年加大，2003年递增量达到2000万吨。2004年原油进口达1.227亿吨，同比增长34.8%，首次突破1亿吨大关。2006年原油进口量达1.452亿吨，比上一年增长14.2%；2007年原油进口量达1.63亿吨，较上年增长12.26%；2007年石油进口量已经达到1.968亿吨，进口依存度接近50%。与此同时，中国还在大幅缩减原油的出口量，2007年出口原油389万吨，较上年下降38.7%。根据中国海关总署的数据，2019年中国原油进口量达5.06亿吨，同比增长9.52%，进口金额为1.67万亿元，进口依存度高达72.68%。2020年中国原油进口量达5.4亿吨，进口逆势上涨了7.3%，进口金额为1.22万亿元。2020年中国原油进口总金额比2019年少支出约4500亿元，同比下降26.8%，却多进口了4000万吨原油。其原因有二：一是受新冠肺炎疫情影响，2020年国际原油价格大幅下跌，尽管原油进口总量增加，但因价格下跌导致进口总金额下降；二是新冠肺炎疫情的影响很大程度上削弱了全球原油需求，但相比国外，中国经济受疫情影响相对较小，基本保持正常的石油需求，一些交易商们以低价买入原油并储存，以利用时间差赚取差价。同时，2020年全年进口成品油2835万吨，较上年下降7.2%。尽管2020年因新冠疫情等原因进口量有所下降，但仍不能改变中国石油进口依存度逐年攀升的客观事实。2020年中国作为油气进口第一大国，石油、天然气对外依存度分别攀升到73%和43%。

（5）边际油田、低渗透油田开发难度加大

边际储量是指在现有的地理、技术、税收、油价等条件下，用常规方式开采经济收益较差的油田。可以分为两类：一类是天然生成的品位就不高，包括稠油、低渗透油层储量等，主要的特点就是不易开采；另一类是相对高品位油气田经过开采以后剩余的品位变低的“废弃油井”。边际储量开发在中国未来的石油资源开发中将占据越来越重要的地位。新一轮全国油气资源评价表明，中国的边际石油资源量约占总资源量的一半，这就意味中国的探明石油储量的开发难度将进一步加大。且未来中国石油储量品质不会有根本性的提高，边际储量开发将成为未来石油资源开发的主战场。中国的几大主力油田已经开发了数十年，整体已经进入高采出、高含水的“双高”阶段，大庆、胜利等主力油田已经进入递减期，产量呈显著递减趋势。而在勘探程度较高的地区，发现大型油气藏的机会越来越少，且油气藏的类型愈加复杂和隐蔽，原油性质多样化，储积条件越来越差，储量的品位也愈低。石油观察家《中国石油“十三五”油气勘探重大成果与“十四五”发展战略》中提到，在“十三五”期间，随着大型含油气盆地油气勘探程度的不断提高和勘探难度的增加，油气勘探的顺利实施面临着严峻的考验。地上施工条件更加艰苦，多为沙漠、山地和戈壁等；地下勘探工作日益复杂，勘探深度加大；构造复杂，岩性复杂，深层、超深层及非常规油气逐渐成为主要勘探对象，一些勘探程度高的盆地和地区要面对战略接替不明、目标准备不足的问题，对工程技术提出了更高的要求[50]。

低渗透油田的特点主要表现在七个方面，一是在储集层有效性评价和相对富集区的筛选难度较大，导致高效布井难度大；二是稳产期短，见水后采油指数急剧下降，进入高含水期一般意味着稳产期结束，一般以10%的自然递减率衰减；三是开发后期，见水层与未见水层的矛盾、层内平面矛盾更加突出；四是油藏原始含油饱和度低（一般都小于55%，有的甚至低至35%），采油速度低（平均小于1%），驱油效率低（45%～50%），单井产能低（2～3吨/天）；五是枯竭式开采递减速度加快，注水开发见效慢，水窜、套损严重；六是低渗透油田开发后期采油工艺技术的适应性问题更加突出；七是需要密集井网开发，高投入、低产出、开发风险大、综合治理难度大是低渗透油田开发的真实写照[51]。

（6）天然气使用量在一次能源中的比重处于较低水平

近年来，中国天然气消费需求呈现快速增长态势，2013—2020年年均增长达9.79%，但与其他国家相比，2020年仅占一次能源消费总量的8.18%，低于亚洲的12.25%，远低于世界24.72%的平均水平。

（7）石油战略储备起步晚，处于高危状况

石油资源安全问题不仅体现在对能源的节约和提高利用效率上，更应考虑到石油战略储备在应对石油危机时的效用。战略石油储备在平时虽然不被动用，但对稳定国际油价、影响石油输出国的政策及调整市场心态，具有不可忽视的静态威慑作用，如在油价猛涨的情况下，美国动用石油战略储备为稳定国内石油市场起到了很好的作用。据统计，“二战”后，国际石油市场发生了不同程度的石油供应中断多达15次，1951年以后中东石油供应中断了13次。面对石油危机，许多国家意识到与自己国情相适应的石油战略储备体系的重要性，并通过立法或其他方式建立本国的石油战略储备体系，得以应付国际紧急突发事件引起的石油供应中断。美国、德国、日本等发达国家都建立了庞大的战略石油储备。

随着中国石油供需矛盾日渐严峻，建立石油战略储备十分必要：一是中国经济快速增长的需求使石油自给率逐步下滑。中国粗放型的经济模式以高能耗换取高经济增长，假定中国未来 15 年经济增长维持在 7% 以上，则原油需求将至少以 4% 的速度增长，但同期国内原油产量增长速度却难以超过 2%；二是中国石油战略储备相对石油消费量严重不足。国外的石油战略储备量一般定为相当于 60 ~ 100 天本国的石油消费量，而中国储备的石油可以坚持 50 ~ 70 天，一旦遇到突发事件，处境将十分被动。因此，如果缺乏国家战略储备体系，中国难以保证其石油的不间断供应能力；三是油价波动加大了中国经济增长的不确定性。随着中国石油进口量的增加，石油安全问题日益突出，国际石油市场对中国国内市场的冲击也越来越大。中国在国际油价波动中屡次吃亏，至今还难以摆脱被动局面；四是国际形势的变化无常，加大了中国在石油战略上调整的压力。例如，美伊、俄乌战争刺激全球油价上涨，给中国敲响了警钟。

战略储备量用每天可消费量和储备度的乘积来表示。储备量越大，则可供国内在非常时期消费的时间就越长，对国内石油消费市场的稳定作用越明显，国家战略安全程度就越高；反之，安全程度就越低。战略石油储备度 = 战略石油储备总量/国内每天石油消费量。国际能源机构（IEA）规定各成员国的应急石油储备规模应不低于上年该国 90 天的石油净进口量。建立石油储备是一项复杂的系统工程，西方工业化国家经过近 30 年的时间才建立起较为完备的体系，中国也已经陆续建立石油战略储备体系。2003 年中国正式实施石油战略储备制度，分三期进行石油储备基地的建设，规模为：第一期 1200 万吨，第二期 2800 万吨，第三期 2800 万吨。第一期的石油储备基地包括舟山市的岱山、青岛市的黄岛、宁波市的镇海和大连，目前已全面投入使用。第二期于 2009 年开始启动，新建八大储备基地，将新增储备能力 2680 万立方米，加上一期工程，总计 4320 万立方米，相当于 4000 万吨原油，约合中国 40 天的净石油进口量。第三期于 2020 年启动，将把储备能力提高至 62500 万桶（约 8500 万吨），形成相当于 90 天的净石油进口量，即国际能源署（IEA）规定的战略石油储备能力的“达标线”。

（8）石油利用率低，浪费比较严重

中国不仅是一个石油生产大国，又是一个石油消费大国，同时也是一个石油利用效率较低的国家。中国每 1 万美元 GDP 所消耗的石油是 0.45 吨，大约是英国的 2.05 倍、德国的 1.67 倍、日本的 1.4 倍、澳大利亚的 1.36 倍、美国的 1.1 倍。换言之，创造同样的国民收入，中国要消耗比英国多出 1 倍多的石油资源。石油消费弹性系数 = 石油消费年平均增长速度/国民经济年平均增长速度，几十年来国际平均稳定在0.6～0.8之间，一般不会超过1。受疫情影响，2019年与2020年的石油消费处于非正常水平，以下取2018年数据进行分析。2018年中国GDP增长6.6%，以最高系数0.8进行测算，消费增长合理的水平最高应是5.28%，但实际石油消费增长却在5.3%左右，略高于合理的消费增长水平。由此可见，中国能源利用效率较低，这种粗放的增长方式使得中国经济高速增长与资源要素短缺间的矛盾日益尖锐。虽然近些年中国主要高耗能产品单耗明显下降，形成了显著的直接节能效益，但中国的能源利用效率与国际先进水平相比仍然存在较大的差距。

近年来，随着钢铁、机械等重化行业的快速发展，世界加工制造业中心加速向中国转移，城市人口的增长和城市化水平的提高都将促使中国石油消耗大幅增加。加上中国人均收入逐年提高，有力地拉动了汽车家庭化的消费热潮，导致中国小轿车增长速度过快。截至2020年底，中国汽车保有量达到2.81亿辆，燃油需求达1.14亿吨。这些变化直接带动了建筑、交通等行业的能源需求，逐渐成为能源需求增长的主要因素。而且一部分人追求豪华高耗油的大排量小轿车，这把石油消费量推到更高数值。

另外，中国油气资源浪费现象也比较严重，例如油田每年燃烧掉的原油近千万吨，每年仅“点天灯”烧掉的天然气大约有9亿立方米左右等。巨大的浪费加剧了石油战略储备资源短缺与经济、社会发展的矛盾，对此应引起全社会的高度警觉。

表2-14　　2020年世界主要国家石油消费强度表

国家	GDP总量（万亿美元）	石油消费总量（亿吨）	1万美元GDP消耗石油（吨）
中国	15.63	7.08	0.45
日本	5.13	1.63	0.32
英国	2.63	0.59	0.22
美国	20.90	8.55	0.41
德国	3.78	1.02	0.27
澳大利亚	1.33	0.44	0.33

资料来源：腾讯网“2020年全球GDP前20强经济体”；《bp世界能源统计年鉴》2021。

（9）油气开采水平较落后，核心技术不足

尽管当前中国的油气勘探技术手段和油气田的开发均已居于世界领先水平，但是油气开采装备技术水平仍然相对较低，如相对单一的钻机品种、一些用来控制装置的核心零件依旧需要进口、页岩气勘探开发的核心技术还不成熟等，这些都会影响到中国的油气产量[49]。

(10) 非常规油气资源开发滞后，技术瓶颈有待进一步突破

非常规油气是指现有经济技术条件下，无法用传统技术进行有效开发的油气资源。非常规油气包括非常规石油、非常规天然气，非常规石油主要包括稠油、致密油、油页岩油、油砂油、页岩油 5 种类型，非常规天然气主要包括致密气、页岩气、煤层气、天然气水合物 4 种类型。非常规油气资源开发滞后于常规油气资源，据初步估算，非常规石油可采资源量大约是常规石油的 0.8 倍，其年产量已超过 4000 万吨，大约占全国石油总产量的 1/5；非常规天然气可采资源量是常规天然气可采资源量的近 3 倍，其年产量已达 540 亿立方米左右，大约占全国天然气总产量的 1/3。受技术瓶颈限制，非常规油气资源尚未实现大规模开发，相关技术研究、实验室建设、人才培养等方面仍然欠缺，需要培养更多的非常规人才，以投入到重要理论的创新与重大生产的需求中去[52]。

中国油气行业存在的上述问题，是由主客观诸多因素导致的，也是历史形成的。解决上述问题除了油气企业加强管理、增加投入、促进技术进步和设备改造、进一步提高油气勘探开发能力外，国家运用金融、财政、税收、价格等手段予以调控也是不容忽视的。

2.1.2.6 中国油气资源发展战略

鉴于国内外油气资源储量、产量和消费现状，结合中国油气行业存在的上述问题，借鉴国内学术界基本形成共识的研究成果，中国的油气资源发展战略可以表述为：坚持油气并举，开发与节约并重，立足国内，发展海外，充分开拓和利用国内外两个市场、两种资源，优化油气资源配置，积极开拓新能源，改善能源结构，增加战略储备，构建油气安全保障体系，提高油气供应的可靠性和安全性。为此，应着力采取以下举措：

(1) 加大对老油田的开发，进一步开拓新区的油气资源

中国目前已开发的油田大部分已进入中后期阶段，不但油藏含水率高，而且情况复杂。因此，油气企业需不断创新高含水油田与复杂油气田的开发技术，改进提高采收率和特低渗透—致密油气田开发的理论和关键技术，进而支撑像大庆、胜利、长庆、延长等老油气田的可持续发展，助力其持续高效稳产[49]。中国油气资源的长期可靠供应，必须立足于国内油气资源的勘探开发，加强陆上东部含油气区的挖潜，加强新区、新层系的油气勘探，加快西部的油

气资源勘探，开展油气资源发展战略远景区的评价工作，立足大油气田的发现，增加后备储量，尽快实现油气资源和产区的战略接替。

石油资源战略选区重点：应当继续将陆上的渤海湾盆地、鄂尔多斯盆地、塔里木盆地、准噶尔盆地、西藏高原的羌塘盆地作为重要的石油勘探主攻方向。在这些区域内，确定一批能增加储量、产能增长前景好的重点战略选区，加大勘探力度，取得重要突破，力争找到大型的整装油田，在储量和产量上有大幅度增加。天然气资源战略选区重点：将四川盆地、鄂尔多斯盆地、塔里木盆地、柴达木盆地作为天然气勘探的重点地区；中国中古生界海相油气勘探领域前景广阔，应予重视。同时，加强非常规油气资源的勘探开发。

（2）实施自营开发与对外合作并举的海洋油气资源开发举措

中国近海的油气资源总体上呈“南气北油”的分布特点，海域油气资源勘探主要集中于近海大陆架浅水地区。对海洋油气资源勘探开发要贯彻自营开采与对外合作并举，积极探索争议海域油气资源的勘探开发方式。海洋油气资源开发的问题涉及经济、能源、外交、军事和国家安全，是一个全局性的战略问题，需要国家统一协调。就目前海洋油气资源开发的形势，首先，应尽快调整“重陆轻海”的国家能源战略，加强海洋油气资源开发的组织和领导工作，统一协调。组建跨行业、跨学科工作组，共同对海洋油气资源开发和规划出谋划策。其次，打破国内油气资源勘探开发的海陆分界线，集中国内力量，大力吸纳民营资本投资海洋油气资源开发，对争议较少的渤海和近海油气资源采取独立开采的方式。最后，积极寻求国际合作，探索对外合作模式，吸引外资，加大东海、南海“争议”海域油气资源勘探开发，维护中国东海、南海的海洋权益，加强海外油气的开发与合作。经济全球化的趋势不可避免，大多数的国家油气资源做不到自给自足。作为中国核心油气合作区，中国的海外资产、油气产量、利润量和贸易量，超过一半的份额都来自“一带一路”地区，是海外油气产量和效益的重要来源地[49]。中国应尽快实现油气勘探开发技术的成熟发展，在国外成功应用，进而支撑“一带一路”发展的同时，逐渐扩大国际合作范围。

海洋油气资源勘探开发的战略选区重点：一是渤海海域。将其作为中国北部沿海地区继胜利、辽河等油田之后的重要能源接替基地。二是南海北部海域。主要包括珠江口、北部湾、莺歌海和琼东南等盆地，将其作为中国南方最大的能源基地。三是东海。东海大陆架盆地面积约 2600 万公顷，勘探程度非常低，可以作为今后中国海洋天然气勘探的“主战场”之一。四是争议海域。

中国从南向北依次有南沙盆地、莺歌海盆地西部、北部湾盆地西北部、东海盆地、北黄海盆地均存在划界争议，这些争议区蕴藏着丰富的油气资源。五是深水区域。勘探实践表明，深水区勘探成功率高、发现储量大，南沙海域 13 个盆地均部分或全部位于深水区，应当将深水区作为今后海洋油气资源勘探开发的重点战略选区[53]。

（3）实施提升天然气的产业地位和在一次性能源中所占比重的举措

中国天然气资源开发潜力很大，应将大幅度提高天然气在一次能源结构中的比例作为一项重要的战略。一方面积极引导与激励煤层气产业健康发展。加大对煤层气勘探开发的投资力度，将煤层气勘探开发和利用列入国家能源发展规划，优先发展。另一方面加强天然气水合物的研究开发，实施天然气水合物调查评价专项计划，以进行能源方面的技术和资源储备。此外，还要大力开发新能源，建立新的能源系统，实现能源的永续利用。鼓励地热、太阳能、风能及潮汐等新能源的开发利用，发展石油替代技术，即水煤浆代油、煤合成燃料、生物质能源、天然气汽车和电动汽车、燃料电池等。

（4）实施“走出去”利用国外油气资源的举措

要保证中国油气资源的稳定供应，除立足于国内，还必须着眼于分享国际油气资源，参与国外油气田的勘探开发。“走出去”勘探开发国外油气资源，目前应以周边国家为主，以发展中国家为主，以现有储量开发为主；石油勘探开发以参与俄罗斯、中亚—里海和中东—北非地区为主；天然气勘探开发以参与俄罗斯和中亚地区为主；石油合同以签订政府间长期、稳定的油气合作协议为主。与油气所在国资源交换方式上，与俄罗斯、中亚国家以经贸为主，与中东国家以市场为主，与非洲国家则以投资为主[53]。

“走出去”勘探开发国外油气资源重点目标选择：一是中亚和俄罗斯战略区。这一地区石油天然气资源相当丰富，将成为全球最重要的油气供应地之一，着眼这一地区的油气资源对中国具有十分重要的战略意义。二是中东和北非战略区。中东地区原油产量较大，石油出口量占全球的一半以上。这一地区不但油气资源丰富，而且生产成本低，石油地质条件好。三是南美战略区，即拉美、加勒比海地区，这一地区的石油资源也很丰富，特别是南美的委内瑞拉拥有世界上最大的重油储藏量[54]。

（5）实施油气资源勘探开发与生态环境协调发展的举措

油气资源是生态环境系统的重要组成部分，油气资源勘探开发必然引起生态环境的变化。油气资源勘探开发不能以破坏环境为代价，勘探开发必须在生态环境保护中进行，有效保护生态环境是油气资源勘探开发的前提。一方面要边勘探开发边保护。这是直接的环境保护，目的是避免、减少或降低油气资源勘探开发活动对周边环境的直接破坏和影响。在油气资源的各种勘探生产作业施工和设施建设中必须考虑对环境的影响，提交相应的环保方案，并在项目实施过程中严格按照有关环保法规和项目环保方案，实施项目负责人制度，对整个项目的环境保护和勘探生产负责。另一方面要边保护边勘探开发。油气资源的勘探开发不能以牺牲生态环境为代价来换取经济效益，更不能走“先污染、后治理”的路子。在油气资源勘探开发过程中，必须制定行之有效的生态环境保护措施和实施方案，全力保护油田或工作区周边的水、土、林等自然环境，加大生态环境建设的投入，在有条件的勘探开发作业区域内，综合利用当地的自然资源，种草种树，宜林则林、宜果则果，保护好水资源，走绿色开发之路[54]。

（6）实施节约与合理使用油气资源的举措

全面转变经济增长方式，确立资源节约型、质量效益型、科技先导型的发展方式和消费模式，走节约型发展道路是中国油气资源战略的重要组成部分。一要增强全面节能意识。进一步落实科学发展观，开展提高能效和节约能源的宣传教育，使公民树立节约意识，增强提高油气资源使用效率的自觉性。二要鼓励开发节能技术、产业和产品。广泛运用技术手段，加强科学管理，努力降低油气消耗，提高利用效率；鼓励发展节能产业和节能产品，把整个社会的节能活动纳入政府宏观调控的轨道上来。三要完善节能降耗的政策法规。要运用经济杠杆、市场机制和必要的行政手段抑制油气消费，节约和合理使用油气资源。

（7）实施石油战略储备的举措

要建立国家为主、企业为辅，石油储备和石油资源储备等多种方式兼顾的石油储备体系，以防范石油供给风险，维护国家的经济安全。

（8）加大对非常规油气的勘探开发

非常规油气资源作为重要资源，在全球的能源结构中扮演着重要角色，具有广阔的产业化前景。以页岩油气为例，尽管中国页岩油气的开发起步较晚，但却是继美国、加拿大之后的第三个形成规模与产业的国家，探明地质储量丰富，产量也随着开发技术的提高不断增长。因此，中国有必要抓住有利时机，进一步创新有关非常规油气的地质理论，完善改进原有技术，发展特色技术，进而加快非常规油气资源的开发[49]。此外，还要加快科技进步，大力提高油气资源勘探、开发、加工和利用效率等。

2.2 油气税费制度研究相关概念及理论

2.2.1 油气税费及种类

2.2.1.1 油气税费界定

油气税费，是政府为实现其职能，凭借政治权力无偿获取石油、天然气勘探、开发、加工、运输及销售收益的一种特定分配方式，包括税和费两种制度。税和费并不一致，税是政府以社会管理者的身份征收的社会管理费用，与石油、天然气相关的税种包括增值税、消费税、企业所得税、资源税、城市维护建设税、环境保护税等；费是政府以资源所有者身份收取的资源地租，与石油、天然气相关的费包括矿产资源补偿费（费率为零）、矿区使用费、水土保持补偿费、教育费附加等。从补偿角度来看，费是税收的一种变异，是对国家财力不足的一种补充。同时，由于收费是通过一定的行政机制取得的，具有一定的行政强制性或规制性，因此它又没有完全摆脱税收的分配痕迹，而是一种后补税。

值得注意的是，20 世纪 90 年代以来，中国财税改革是以“费改税”为切入点展开。正确理解和全面把握“费改税”的精神实质，关系到整个税费改革的成败。理解“费改税”绝不能就事论事，而要透过“费改税”全面把握税费体制改革的精神实质。费改税”中的“费”绝不是包含所有的政府收费，它主要包含三种情况：一是名为“费”实为“税”的项目，还包括既不必要也不合理、没有任何征收依据的乱收费项目；二是未经人民代表大会审议，甚至未经上级政府的批准，而是由各部门、各地区自立规章，自行发文，在各自职权所能覆盖的领域，巧立名目，按需收取的；三是不纳入预算，而是作为自收自支的财源，直接纳入各地区、各部门的小金库，因而不受监督、游离于预算之外且开支范围随意性很大的收入。这三种收费有的应取消，有的应改为税，有的需要保留，不能搞“一刀切”。经过多年改革，许多收费项目转变为税收或不复存在，“费改税”取得了明显成效，通过“费改税”可以大大减少由收费而引起的一系列额外负担，降低征收成本；可以增强政府宏观调控能力；可以促进公平分配；可以减少贪污腐败，减轻挥霍浪费，改变政府形象；

可以大大增加税收，充实预算内资金。然而，油气开发过程中收取的矿业权占用费、矿业权出让收益、石油特别收益金、水土保持补偿费等是基于矿产资源的财产权而取得的，具有税的性质，与上述三项收费有所区别，应做具体分析，绝不能一概而论。

2.2.1.2　中国油气税费种类

中国油气税费经过历史不同阶段的发展与演变，形成了以增值税、消费税、企业所得税、资源税等为主，比较完善的油气税费体系，税费种类见表 2－15。

表 2－15　中国油气资源税费一览表

分类	税费种类	税率（税额）及计税依据	征收主体及归属
通用税费	增值税	原油销售税率 13%；液化石油气、天然气税率 9%，成品油、石化产品销售税率 13%	国家税务部门征收，共享税
	消费税（含燃油税）	汽油、石脑油、溶剂油和润滑油 1.52 元/升，柴油、航空煤油和燃料油 1.2 元/升，航空煤油暂缓征收	国家税务部门征收，中央税
	企业所得税	基本税率 25%。自 2021 年 1 月 1 日至 2030 年 12 月 31 日，对设在西部地区的鼓励类产业企业减按 15% 的税率征收企业所得税，计税依据为应纳税所得额。自 2020 年 1 月 1 日至 2024 年 12 月 31 日，对注册在海南自由贸易港并实质性运营的鼓励类产业企业，减按 15% 的税率征收企业所得税	国家税务部门征收，共享税
	耕地占用税	耕地占用税以纳税人实际占用的属于耕地占用税征税范围的土地（应税土地）面积为计税依据，按应税土地当地适用税额计算应纳税额，实行一次性征收，采用地区差别定额税率。具体适用税额由省、自治区、直辖市人民政府提出，报同级人民代表大会常务委员会决定，并报全国人民代表大会常务委员会和国务院备案	国家税务部门征收，地方税
	契税	土地使用权或房屋所有权买卖、赠与或交换，按成交价格的 3%～5% 征收，适用税率视所属地区的实际情况决定	国家税务部门征收，地方税
	车辆购置税	实行统一比例税率，税率为 10%	国家税务部门征收，中央税
	印花税	书立、领受《印花税条例》所列举凭证，包括合同、权利、许可证照等，以应纳税凭证所记载的金额、费用、收入额和凭证的件数为计税依据	国家税务部门征收，证券交易印花税为中央税，其他印花税为地方税

续表

分类	税费种类	税率（税额）及计税依据	征收主体及归属
通用税费	城镇土地使用税	实行四档分级幅度税额。工矿区税率为 0.6 ~ 12 元/m^2，计税依据为实际占用土地面积	国家税务部门征收，地方税
	城建税、教育费附加、地方教育附加	城建税按实际缴纳的消费税、增值税税额的 1% ~7% 计提上缴；教育附加费按实际缴纳的增值税和消费税的 3% 计提；地方教育附加费按实际缴纳的增值税和消费税的 2% 计提	国家税务部门征收，中国铁路总公司、各银行总行、各保险总公司集中缴纳的部分属于中央税，其余部分归地方税
	房产税	从价计征：计税依据为按房产原值一次减除 10% ~30% 后，余值的 1.2% 征收税费。从租计征：租金收入的 12%	国家税务部门征收，地方税
	车船税	计税单位包括“每辆”“整备质量每吨”“净吨位每吨”“艇身长度每米”按车船吨位征收	国家税务部门征收，地方税
	关税	车用汽油及航空汽油、5 ~ 7 号燃料油，暂定征收 1%；轻柴油、航空煤油零关税；部分化肥及化肥原料免征特别出口关税；技术装备关键零部件及原材料进口，免征关税和进口环节增值税；为开发制造重大技术装备进口的关键零部件及原材料的上述税种先征后退	海关征收，中央税
	土地增值税	以有偿转让国有土地使用权、地上建筑物及其附着物产权所取得的增值额为计税依据，按 30% ~60% 的四级超率累进税率计税（此处原来是超额，现在改为超率）	国家税务部门征收，地方税
	资源税	在中国领域及管辖海域开采原油及天然气按销售额的 6% 从价征收。对稠油、高凝油、减征 40%；高含硫天然气、三级采油和从深水油气田开采的原油、天然气，减征 30%；从衰竭期矿山开采的矿产品，减征 30%；对低丰度油气田开采出的原油、天然气，减征 20%	国家税务部门征收，地方税（海洋石油企业缴纳的部分属于中央税）
	环境保护税	大气污染物税额为每污染当量 1.2 ~ 12 元；水污染物为每污染当量 1.4 ~ 14 元；固体废物按不同种类，税额为每吨 5 元、15 元、25 元不等，其中危险废物每吨 1000 元；噪声按超标分贝数分为 6 个等级，税额为每月 350 ~ 11200 元不等	国家税务部门征收，地方税
	水土保持补偿费	在建设期间按照征占土地面积计征；在开采期间，石油、天然气根据油、气生产井占地面积按年度征收，每口油、气生产占地按不超过 2000 平方米计算；对丛式井每增加一口井，增加计征面积按不超过 400 平方米计算，每平方米每年收费不超过 2 元	国家税务部门征收，中央税

续表

分类	税费种类	税率（税额）及计税依据	征收主体及归属
特殊税费	矿业权使用费	即探/采矿权使用费。探矿权使用费按区块面积逐年缴纳，第 1 ~ 3 个勘查年度每年缴纳 100 元/平方千米，从第 4 个勘查年度起每平方千米每年增加 100 元，最高不超过每年 500 元/平方千米；采矿权使用费按矿区范围面积逐年缴纳，每年 1000 元/平方千米，可以根据不同情况规定予以减缴、免缴，具体办法和实施步骤由国务院规定	由登记管理机关收取，全部纳入国家预算
	矿业权出让收益	以国务院地质矿产主管部门确认评估价格为依据，一次或分期缴纳	登记管理机关征收，纳入国家预算
	矿山地质环境治理恢复基金	由矿山环境治理恢复保证金转变而来。矿山企业需在其银行账户中设立基金账户，单独反映基金的提取情况，由企业自主使用，专项用于因矿产资源勘查开采活动造成的矿区地面塌陷等被损毁预防和修复治理等方面	企业依规计提
	水资源税	实行差量计征，由试点省份省级人民政府统筹考虑本地区水资源状况、经济社会发展水平和水资源节约保护要求，在《试点省份水资源税最低平均税额表》规定的最低平均税额基础上，分类确定具体适用税额。试点省份最低平均税额，地表水：每立方米 0.1 ~ 1.6 元，地下水每立方米 0.2 ~ 4 元	国家税务部门征收，地方税
	征地补偿费	是指土地补偿费、安置补助费、地上附着物和青苗补偿费的总和。各项征地补偿费用的具体标准、金额由市、县政府依法批准的征地补偿安置方案规定	
专门税费	石油特别收益金	起征点为 65 美元/桶，5 级超额累进从价计征，征收比率为 20% ~ 40%	财政部负责征收，纳入中央财政预算管理

资料来源：作者根据现行税法规定整理。

2.2.2　油气税费相关理论

油气税费体系构建离不开相关理论的支撑，油气税费相关理论主要包括：公共产品理论、地租理论、矿产资源价值理论、矿产资源耗竭性理论、外部性理论、可持续发展理论、收益分配理论和生态价值理论等。

2.2.2.1 公共产品理论

公共产品又称社会产品，即不交纳任何费用而人人都可享受的产品，其形式上的特征就是只能由政府提供的产品。进一步说就是政府通过购买支出以资金购买商品或劳务，或购买原材料和劳动力进行生产，从而由政府提供的商品和劳务，例如国防、公安、司法、宇宙空间探索、环境保护和公共卫生、社会安全、灯塔等。

公共产品特征有三：一是公共产品的享用无竞争性和排他性，即同时为人们所享受，无利害冲突，如公共路灯、改善污染而提高空气的质量等；二是公共产品的效用具有扩散性，即是满足公共的、社会的需要，不限于某个人或集团享用；三是公共产品的受益具有不可阻止性，即任何人都有应尽的义务，不得拒绝，如法院、公共卫生等，一经违反，可予惩处。公共产品的供应不能通过市场直接来供应，因为它的效用是扩散的，人们不付费用照样可以享受。正因为如此，公共产品的供应无市场供求关系，不能核算对个人提供的费用，也不能获得直接的报偿，从而私人不愿意或不能提供，只有政府才能提供，政府主要是通过无偿征税或费来提供公共产品[55]。

税收通过筹集大量的财政资金为经济社会发展提供资源，用以满足公共产品的生产与提供，用以对落后地区及低收入群体的转移支付，从而提高社会整体资源配置能力，调节社会总供给与总需求的关系。因此，公共产品的价格就是税收，准公共产品的价格就是收费及一部分特别性税收，而政府的收入形式，主要就是税、利、费、债。在市场经济条件下，如何妥善处理税、利、费、债分配顺序、地位至关重要。在这四种形式之中，税收占有优先的绝对地位，因为税收一般要占一国预算内财政收入的90%以上，是政府实现其职能的重要经济基础。

石油资源具有准公共产品的属性。一方面，开发矿产资源可以获得经济收入，解决劳动力问题；另一方面，开发出来的矿产资源不能为矿业城市所独占，矿业城市不能阻止其他工业城市对矿产资源的利用。同时石油行业的生存和发展又离不开政府提供的公共产品，是公共产品的消费者，所以就应该为使用公共产品而付出代价，即缴纳税款。且石油在一定程度上也是准公共产品，单由市场调节会发生垄断、生产的负的外部性。对企业进行征税，以消除负的外部效应，合理配置资源，实现对宏观经济的有效调控。

2.2.2.2　地租理论

地租理论多是针对农业而言，但对矿产资源也同样适用。地租理论认为：土地所有权本身产生地租；地租的占有是土地所有权得以实现的经济形式[56]。矿山地租的确定方法和农业地租是完全一致的，由绝对地租和级差地租两部分组成。油气资源作为重要的能源产品归国家所有，国家有权力也有必要对境内从事勘探开发石油资源的企业征收一定比例的税收。国家凭借对油气资源的所有权，对任何开采石油资源的企业都要征收矿产资源补偿费（现已停征）。出于绝对地租的性质，不论油气田的地理位置如何、油气属于何种品质，只要有产出，开采资源的企业都要按照一定的比例缴纳税费。这种按照统一税负普遍征收的矿产资源补偿费，类似于绝对地租性质，可以保证国家作为油气所有者的权益。同时，石油勘探在开采过程中存在同类资源的差别，这种与资源的地理条件优劣、自然丰度和品位有关的超额利润称为资源的级差地租。级差地租的产生，说明土地产品价格并不是按其一般价值水平出卖的，而是以更高的水平，即按优劣等条件价值决定的市场价值来出卖[57]。

在中国，国家、集体是自然资源的所有者，公有制占主导地位，地租与利润、税收是具有同样性质的社会劳动贡献的重要组成部分。国家通过土地产品价格收取地租，通过征收矿产资源补偿费（现已停征）和资源税来实现，用于提供公共产品，为全体社会成员的利益服务。地租实质上是土地产品价格中超过平均利润以上的超额利润部分。国有土地使用权以交付租金形式，按年收取地租，是实现国有土地有偿使用的重要方式之一，也是国有土地所有权在经济上得以实现的重要手段[58]。

2.2.2.3　矿产资源价值理论

矿产资源作为一种自然资源，是人类社会生存和发展的物质基础。自然资源是否有价值一直是人们探讨的话题。矿产资源是否具有价值，关键在于其是否具备了价值的前提条件。马克思指出："商品价值体现的是人类劳动本身，是一般人类劳动的耗费。使用价值或财物具有价值，只是因为有抽象人类劳动体现或物化在里面[56]"。这段话实际上反映了价值实体就是一般人类劳动，即抽象劳动，以交换价值形式表现出来。根据马克思的价值论，在人们还没有发现矿产资源的使用价值之前，它是没有价值的。但当人们认识到它的使用价值的时候，它也不一定有价值，正像阳光、空气这些天然存在的对人类有用的资源一样，人们并不认为它们具有价值。然而，认识到矿产资源的各种使用价值以及探测方法后，地质工作者经过普查勘探，将矿产资源的储量及空间位置等资料提供出来的时候，这些矿产资源已经被投入了人类劳动，马克思的劳动价值论认为，物品价值量的大小决定于制造它所消耗社会必要劳动时间的多少。但矿产资源价值的大小与认识和发现它所付出的人类劳动的多少不存在正比例关系，这是因为在实践中，赋存稳定、储量丰富的优质矿产资源所花费的勘查劳动要少于赋存不稳定、地质条件复杂资源所花费的劳动，这样得出的优质资源价值低于劣质资源价值的结论是难以成立的。矿产资源在进入人类社会后，逐渐成为人类社会生产生活不可或缺的物质基础，随着人类开采强度和需求的加大，这种不可再生的资源便具有了稀缺性。稀缺性是资源的价值基础，也是市场形成的根本条件，矿产资源价值量的大小与稀缺性成正比关系。由于资源的稀缺性，使用者不可能不支付报酬而任意使用，因此耗竭性稀缺的矿产资源必然会被垄断。

石油资源的探明和开发需要耗费大量的人类劳动，劳动者要运用各种先进科技和有效方法来确定矿产资源的储量、丰度、构造形态、品位等级等，这些直接劳动投入凝结在石油储量中，形成了石油资源的价值。通过人类劳动获得的油气资源不再是原始状态的天然产物，而是由社会生产关系决定、具体选择的生产要素。石油资源的使用价值特性以及凝结了人类一般劳动的特点决定了石油资源具有价值。在中国，石油资源归国家所有，国家拥有对石油资源的所有权、使用权、收益权和处置权，任何单位和个人要进行石油资源的勘探开发就要依法取得资源权，资源权是所有权派生出的权利，石油资源所有权人和油气企业凭借对稀缺资源的垄断而拥有资源收益。

2.2.2.4 矿产资源耗竭性理论

矿产资源耗竭性理论认为，矿产资源的耗竭是一个矿产连续不断消耗的动态过程。从内涵上来看，矿产资源耗竭既具有数量上的相对性，又具有质量上的绝对性。数量上的相对性，是指随着矿产资源开采量的不断增加，某些矿产资源基础会逐渐耗竭。但对新的替代资源的开发利用的研究，能够确保在某种矿产资源耗竭之前，可以寻找到新的具有经济价值的可替代资源。因此，当前矿产资源的数量只是相对性的减少。而矿产资源耗竭质量上的绝对性，是指随着人类对矿产资源过度、过速的开采和消耗，矿产资源的质量逐渐恶化。长期以来，由于受生产能力的限制和眼前利益的驱使，许多矿山企业粗放式的开采方式造成了矿产资源总体质量的下降以及生态环境的破坏、污染。矿产资源耗竭的这些特征，使得它在服务社会时必然带来可利用价值的损失[59]。1931 年数理经济学家哈罗德·霍特林（H. Hotelling）发表了《可枯竭资源经济学》，该文成为耗竭性资源经济学的经典之作[60]。

矿产资源耗竭补偿的实质属于不同代际的资源配置和利益共享问题，也可归为公平问题。人类赖以生存的矿产资源有限，但出于利益驱使，过度开采有限的、不可再生的矿产资源，势必会加速资源的耗竭，把理应留给后代的资源提前使用，给后代留下无法挽回的损失。甚至有经济学家预测未来世界经济发展所需的 90% 的能源和 80% 以上的工业原料，仍将取自耗竭性资源。而中国消费的能源中，95% 以上来自于耗竭性资源，能源矿产与工业生产和经济发展的关系非常紧密，耗竭性资源已成为整个世界经济的支柱。因此，矿产资源耗竭补偿费的实质就是对未来使用者留下无法挽回损失的价值补偿。

石油资源的迅速耗竭成为矿产资源耗竭补偿费征收的动因。但是油气资源耗竭补偿费的征收不能过高，过高就会影响当代人发展对矿产资源的需要；也不能过低，过低就会危害后代人对矿产资源的生存需求。可选择对比市场化的利率，最后确定石油资源耗竭补偿费的理想指标。当油气企业的利润增长率与市场利率一致，此时的油气资源开采量就是最理想的资源消耗量。

2.2.2.5　外部性理论

外部性理论的研究从古典经济学时期就已经开始。外部性是指某一生产厂家的经济活动对其他生产厂家、消费者以及社会整体所产生的非市场性有利或有害的影响。通常我们将有利的影响称为“外部经济性”，将有害的影响称为“外部不经济性”。外部经济就是一些人的生产或消费使另一些人受益而又无法向后者收取费用的现象；外部不经济就是一些人的生产或消费使另一些人受损而前者无法补偿后者损失的现象。

基于前述理论，油气资源的外部性同样表现为外部经济性和外部不经济性。石油资源的外部经济性是指，石油城市输出油气资源使得非石油城市受益。这是由于，一直以来矿业城市对外输出资源及初级矿产品价格较低，其价格除了包含正常的生产经营成本外，并不包括资源耗竭性损失以及开采过程中给石油城市环境带来的损失。这样，石油城市将油气资源以低于实际成本的价格进入市场，放弃了自己的权益，而引进资源的非石油城市通过二次加工，将具有较高附加值的工业制品再输入回石油城市，使其面临双重利益损失。石油等资源的外部不经济性，是指油气资源在开采过程中给当地带来的污染（包括空气污染、噪音污染、水污染及废弃物污染等），以及造成生态与自然环境的改变等。经地质勘探部门调查，大庆市在2004年地下区域就已经形成了两大块漏斗区，油田西部形成了方圆4000多平方千米的漏斗区，东部则形成一个方圆1500多平方千米的漏斗区，几近覆盖整个大庆市，并波及与大庆相邻的周边市县。漏斗中心水位降深超过50米。据不完全统计，因多年采油和不合理开发地下水已使大庆市及周边地区地下水水位平均下降16.19米。资源企业在开采矿产资源过程中给周围环境带来了负面影响，威胁当地居民的生存、发展权，产生环境冲突[61]。

石油资源生态补偿的实现途径非常广泛，既体现了补偿的经济价值，如资源税、资源使用费、资源耗竭补偿费等，又体现了补偿的环境价值，如环境补偿费，还体现了补偿的公平价值，如矿业城市补偿费。总之，不论矿产资源生态补偿的表现形式如何，其最终目的只有一个，即借助经济手段，控制资源的开采速度和效率，实现油气资源的永续利用及资源城市的可持续发展。

2.2.2.6 可持续发展理论

可持续发展的概念，最早是一些生态学家在1980年发表的《世界自然保护大纲》中提出并予以阐述的[62]。《大纲》提出，把资源保护和发展结合起来，使当代人得到最大的持久利益，又要保持潜力，以满足后代的需要和愿望。《世界自然保护大纲》第一次明确地提出了可持续发展的概念，1981年国际自然保护联盟推出了《保护地球》，对可持续发展的概念做了进一步的阐述。该文件把可持续发展定义为“改善人类生活质量，同时不要超过支持发展的生态系统的负荷能力[63]”。1987年，在挪威前首相布伦特兰夫人任主席的世界环境与发展委员会向联合国提交的《我们共同的未来——从一个地球到一个世界》的报告中，首先提出并论证了“可持续发展”这一主题，并将“可持续发展”的概念明确定义为：“在不危及后代人满足其环境资源需求的前提下，寻求满足当代人需要的发展途径[64]”。换言之，可持续发展是既满足当代人需要又不危及后代人发展的需要。这一定义虽然与《世界自然保护大纲》中一致，但对其具体内涵的阐述中却从生态的可持续性转入了社会的可持续性，提出了消灭贫困、限制人口、政府立法和公众参与等社会政治问题。人类任何时候都不能以牺牲环境为代价去换取经济的一时发展，也不能以今天的发展损害明天的发展[65]。可持续发展的核心内容包括两个方面：一是经济发展不能以损害自然环境为前提，必须关注所有影响发展的因素，特别是环境可持续性、经济可持续性以及社会可持续性；二是一个国家、一个地区的发展不能以破坏其他国家和地区的发展条件为代价。

可持续发展理论要求在开发油气资源的同时，要注意对自然环境的保护、管理和绿化，避免开发一片、破坏和污染一方的恶果，要形成开发一片、绿化一方的良性发展格局，使自然因人的活动而变得秀美，达到人和自然的和谐统一，并为可持续发展提供坚实的自然基础。油气资源开发与利用走可持续发展之路，就要将生态化文明的特征要求贯穿于石油工业的每一个环节，把石油工业当作一个系统工程来抓，使其按照生态化文明的规则有序而高效地运转，以取得最佳的经济、社会和环境效益。中国的石油资源按人均拥有量而言并不丰富，要实现可持续发展，必然要有计划地进行开采，将开采量控制在物质循环周期负荷段之内。保持产油区的地理风貌和风土人情，有利于产油区特色经济的持续发展。

2.2.2.7　收益分配理论

收益分配是社会成员之间经济利益关系的主要表现形式之一，它既是生产过程的结果，也是新的生产过程继续进行的必要条件。收益分配关系到经济资源的配置，也关系到社会经济制度的运行，收益分配问题是经济理论研究的主要内容之一。经济学上的收益分配理论一般可分为三种：西方经济学收益分配理论、马克思收益分配理论和人力资本收益分配理论。西方经济学分配理论本质上是要素价格论，确立了要根据各要素在财富生产中的作用和贡献来对称地分配财富的原则。马克思收益分配理论的核心是按劳分配，其收益与分配理论建立在劳动价值论和剩余价值论基础之上，收益分配理论是马克思经济理论的重要组成部分，按劳分配是新中国成立以来中国实行的主要分配制度。人力资本收益分配理论是一种现代收益分配理论，该理论认为人的能力和素质是决定贫富的关键，人力资本投资增加能提高收益分配中劳动收益所占的比重，减少财产所得所占的比重，从而缩小收益差距和不平等。人力资本收益分配理论从人力资本视角说明了个人收益差距的原因，建议政府和个人加大人力资本投资，人力资本收益分配理论对中国现阶段个人收益分配研究有重要参考价值。

国外对于油气资源收益分配的研究主要依据是收益分配理论。关于油气资源所有者收益及其分配的研究，主要讨论集中在矿山地租、要素收益以及新制度经济学中的财产收益权方面。实际上，国外政府资源所有权的收益来源主要是对资源开采者征收权利金（租金），也有些国家采用征税的方式。油气资源经过勘探、开发，最后创造出产值，期间投入的生产要素主要有劳动、土地、技术、资本。就油气资源利益分配而言，国外将油气资源收益分为税收、油气开发权收益和投资收益。其中，税收包括一般税收和特殊税收，特殊税收是本文所要重点研究的，是政府为了保护不可再生的油气资源，补偿油气资源开发给国家和社会造成的损失，促进资源合理开采而征收的，其收益者是中央和地方政府。对于资源所有者，油气资源被其垄断，这是产生地租的原因，这里的地租包括绝对地租和级差地租。油气资源作为一种自然资源，其价值创造过程中融入了人类劳动，企业组织人力、物力对其进行勘探和开发，投入要素的价值实现形式是工资和企业利润。

2.2.2.8 生态价值理论

生态价值与传统经济学价值观中的生态无价值理论相对，即认为生态环境对人类社会发展和经济建设贡献巨大。人类在经济发展过程中认为利用环境资源是理所当然的，忽略了生态环境价值的重要意义，导致了环境污染、生态破坏、资源耗竭等诸多问题。生态价值理论弥补了以经济发展为主，忽视环境价值观的缺陷，是生态环境税费制度建立的有力理论基础和依据。生态价值是建立在生态服务功能基础上的，当生态系统受到破坏，原生态服务功能无法实现时，人们才意识到生态系统的重要性，在无法通过自我修复实现自然补偿时，就必须采取人为的事后补偿或提前控制，以维护生态系统的平衡。

生态价值理论为油气生态税费体系的建立提供理论依据，油气企业开发油气资源时，应进行相应的生态价值补偿。如水土保持补偿费就是对水土保持功能的补偿，弃置费是企业承担的环境保护和生态恢复等义务所确定的支出。

2.3 税费对油气资源的影响分析

2.3.1 税费对油气产业结构调整的影响

油气产业结构的优化升级既要求在产业发展过程中合理配置生产要素，协调油气勘探、开发、加工和销售各部门之间的比例关系，促进各种生产要素有效利用，实现高质量的经济增长，又要求产业结构向高技术化、高资本密集化、高加工度化和高附加值化发展。中国油气产业经过连续多年快速发展之后，正面临着十分严峻的结构性矛盾，目前石油行业产业结构存在勘探主业发展缓慢、行业内产品单一、第三产业规模小、油与气发展不平衡、油田产业结构趋同等突出问题。产业结构优化升级成为当前油气行业经济结构调整的关键。税收政策作为国家宏观调节的重要手段，与产业结构优化升级具有高度相关性，已经成为油气产业结构调整和优化的一个重要工具。税收除了形成政府的收益外，更重要的是可以通过影响企业的盈利水平，诱导企业在利益驱使下自主决定服从政府的产业政策目标。税收对油气产业结构的调整涉及生产、投资、分配和消费等多个环节，主要通过优惠税率、投资抵免、加速折旧、税前列支等优惠手段实施，这些税收优惠是税收政策中较为常用的手段。税收优惠的应用对经济主体（生产者和消费者）的生产和消费结构有所影响，在石油供求方面亦是如此。生产者行为理论和消费者行为理论认为，在完全竞争市场条件下，经济主体将会在自己拥有的资源约束条件下，根据市场价格配置资源，实现自身利益最大化，生产者追求利润最大化，消费者追求效用最大化。根据这一理论，税收差别对石油结构的影响主要表现在：税收差别影响消费者、生产者选择商品、产品；改变对油品与油品之间、石油消费品与其他商品、产品之间的相对价格；经济主体会在政府差别税收条件下，重新配置资源，追求自身利益最大化。这样一来，石油结构就发生了变化。例如政府对含铅汽油和无铅汽油等课税实行差别税率，就引起含铅汽油的相对价格上涨，受效用最大化的驱使，消费者在选购商品时，减少含铅汽油的购买量，增加无铅汽油的购买量，使油品的消费结构发生变化[66]。又如降低天然气资源税税额有利于刺激天然气生产和消费，等等。总之通过对油气产业规模的调整，油气产业结构也随之变化。因此，税收是推动油气产业结构调整、促进油气产业结构优化与升级的重要手段。与此同时，政府在利用税收手段进行市场调节的时候必须慎重，必须搞清楚即将推出的税种的政策效果如何，税收优惠及税额最终究竟由哪一方享受或承担，对油气企业或消费者的调节力度有多大等问题。

2.3.2　税费对石油需求量的影响

微观经济理论认为，一般情况下，影响需求的主要因素是商品价格的变动，二者呈反方向变动的依存关系。能源价格的变化对需求量有明显影响，提高能源价格将直接减少需求量，这种影响在中长期来看更为明显。在成熟的市场经济中石油价格变化对需求量的影响较大。市场供求理论认为，价格对需求量的影响大小，取决于该商品的需求价格弹性，简称为需求弹性。需求弹性大的商品，价格变动对其需求量的影响愈显著[67]；需求弹性小的商品，价格变动对其需求量的影响相对不显著。石油商品的需求弹性比较小，尤其在短时间内，价格对商品的需求量影响很小，但从中长期来看影响还是比较明显的。将上述一般性原理应用于分析价格对石油产品影响时，必须考虑税收这个重要因素，税收是构成石油价格的组成部分，税负增加必然价格提高，反之价格下降。生产者和消费者是油气资源课税的纳税人，对生产者的征税会抑制油气生产，从而迫使该行业在更低的交易量和更高的价格水平上达到均衡，税负将在生产者和消费者之间分担。同样，对消费者的征税会抑制消费，从而也将迫使油气行业在更低的交易量和更低的价格水平上达到均衡。因此，不管是对油气企业征税还是对消费者征税都会抑制市场活动，减少交易量，税负最终由买卖双方共同负担。通常情况下税收最终大部分由对价格相对不敏感的生产者或消费者承担，小部分由对价格相对敏感的生产者或消费者承担。国家为了抑制油气资源的过度消费，可以采取增加税收的办法；反之，在油气资源供应紧张的情况下，国家为刺激油气企业加强勘探、增加产量，可以采取减免税收或补贴的办法。

石油价格变化对需求量的影响与税收对石油需求量的影响是一脉相承的。具体而言，税收对需求量的影响主要表现为对商品征收间接税（中国称为流转税），该税通过直接影响商品的价格来影响商品的需求量。对商品征收间接税主要有从价税与从量税、价内税与价外税。在实行从量税时，消费者支付的价格要高于生产者得到的价格，这个价格差就是政府获得的税收。按照供求与价格关系的理论，消费者支付的油气产品价格上升，会使消费者对该商品的需求量减少，从而导致生产者相应减少生产量，市场将因政府征收间接税，引起油气产品供求变化形成新的市场供求均衡量；在实行从价税时，同样会使油气产品价格上升，从而使消费者的需求量减少，其对消费者的影响类似从量税。在实行价内税时，税收是油气产品价格的组成部分，价格是含税价格；在实行价外税时，税收是油气产品价格以外的附加，价格虽不含税，但价外税直接影响消费者的货币支付。总之，无论从量税、从价税抑或价内税、价外税，对油气产品征税都会视油气产品供求情况对其价格产生不同程度的影响。

2.3.3 税费对油气投资的影响

税收是政府财政收入的主要部分，也是政府投资主体筹资的主要渠道。一方面，国家通过增加税收或减少税收来调节消费和投资，实现对社会经济的宏观调节；另一方面，根据国家投资支出计划，从收益中划定相应的资金，应用财政拨款或“拨改贷”等形式将资金供给企业等其他投资主体，影响企业等非政府主体的投资行为。而企业等的投资能力和决策又在很大程度上受到税后净收益等因素的制约。在市场经济背景下，税收逐渐成为企业投资选择的重要因素。税收对企业投资的影响是通过对投资收益的影响来实现的，而投资收益又受投资成本的影响。商品税的多少影响企业经营成本的高低，所得税的多少直接影响企业投资成本的高低。因此，税收对投资成本的影响最终会表现为对企业投资的效应。例如企业所得税，该税对企业的生产经营所得和其他所得征收，实质是对企业的利润征税，减少了企业投资的净收益。而企业在投资决策时所关心的正是企业投资所获得的税后净收益。因此，就企业所得税而言，税收负担轻或者减免税有利于刺激企业投资，而税收负担重或者增税会抑制企业投资。税收负担轻重或税收负担增减免可以从国家在某个时期的税收政策中体现出来。通常情况下，国家通过实施税收优惠政策引导企业投资方向，调整产业结构，刺激经济增长，企业在进行投资决策时应分析国家的税收政策导向，预测税收特别是企业所得税对企业投资收益的影响。

政府对投资者和生产者的鼓励投资，多是作用于资本使用者成本。资本使用者成本表示项目的收益率必须达到多高时投资者（或企业）才能盈利，资本使用者的成本越高，企业想持有的资本量就越少，投资者投资的欲望也就越小，反之亦然。企业所得税和个人所得税都是资本使用者成本中的一部分，征税的多少对资本使用者成本的高低有直接影响。为了鼓励油气企业投资而采取的加速折旧、投资抵免等税收政策，对降低气田企业成本、提高投资项目收益率、刺激项目投资等方面发挥了积极作用[68]。同时，油气企业投资具有规模大、风险高的特点，因此其决策是一个非常复杂的过程，不仅要考虑现行税收政策，还要关心国家的油气资源税制改革状况、改革动向和政策导向等，使得其投资既能尽可能多地享受国家的税收优惠，获得最大的投资净收益，又能符合国家税收政策，接受国家的税收调控，促进油气工业快速发展。

2.3.4　税费对油气生态环境的影响

生态环境是“由生态关系组成的环境”的简称，是指与人类密切相关的、影响人类生活和生产活动的各种自然（包括人工干预下形成的第二自然）力量（物质和能量）或作用的总和。油气生态环境是指在油气田范围内生物和环境相互作用和影响形成的一个统一系统，是在人们对油气资源开发利用活动干预下发展和适应而形成的一种生态系统，是保持着一定动态平衡关系的整体。在油气勘探、钻井、开采及运输的各个环节都不可避免地对环境造成一定的损害。由于油气是一种液态或气态的矿产，其开采过程中具有更大的难控制性。油田开发过程中对于环境的污染物质主要有钻井过程中的钻井液（泥浆），包括油基钻井液和水基钻井液；油田开采、试井、钻井过程及事故（如井喷等）中的落地原油；油井大修中的洗井液；储运过程中产生的泄漏以及生产、开采、储运过程中产生的含油污泥等[69]。

中国传统税收理论对生态环境与资源保护调节功能不够重视。税收对油气资源生态环境的作用主要通过价格传导，不完善的资源价格体系是造成资源不可持续利用的重要原因。油气资源定价如果没有将资源使用或开采所造成的生态环境成本考虑在内，将不利于油气资源的有效开发和节约利用。运用税收手段调节油气生态环境后，其税收的调节功能通过油气价格传导出去，将产生如下影响：一是在宏观上由于油气资源价值纳入到国民收入核算体系，会使政府从油气资源密集型发展战略转向油气资源低耗高效的发展战略，否则按可持续发展标准计算的增长率会大大低于 GDP 的实际增长[70]。二是由于对油气资源产品的广泛征税，使外部性成本和可持续价值都能内部化，生产厂商将更注重采用先进的生产技术和管理来降低能耗，会积极寻找替代资源。从消费角度来看，最终形成与可持续发展相适应的可持续消费模式。因此，税收对生态环境的调整和保护是利用油气资源的内在要求。要将生态税收思想贯彻到油气资源开发与利用中去，其基本内容主要有：调整现行税种的生态要素比例；将现有的具有生态税收基础的税种进行改造，使之更加符合生态税收目标要求；开征新的生态税种；为环境工程筹集必要的资金等。

第3章

中国油气税费制度沿革及其影响分析

税费制度是中国经济体制的重要组成部分，与经济体制的发展变化密切相关。随着中国经济体制的变革和政府职能的转变，税费制度也不断进行调整和完善。中国油气税费制度经历了从无到有、由弱到强的发展历程。1994年新税制实施以来油气税费的历次调整对油气资源的生产、需求等产生一定影响，也为油气税费制度的进一步完善奠定了基础。

3.1 中国油气税费制度的历史沿革

中国油气税费制度是伴随着经济体制改革以及油气资源有偿使用制度的形成而逐步建立并发展起来的，对促进油气资源的合理开发利用和石油天然气工业的快速发展起到了重大意义。油气税费制度的沿革大体上经历了萌芽、停滞、发展、改革、调整、完善六个阶段：

3.1.1 萌芽阶段（1949—1980年）

这一阶段国家对油气企业实行统收统支的计划经济，税收发挥的作用有限。国家在直接管理石油工业的前提下，开始尝试运用税收手段调节分配关系，对油气企业生产的“矿物油”征收3%的货物税，税负较轻，出现了税收和利润并存、以上缴利润为主的新特点。油气企业与国家的分配关系是：油气企业向国家上缴折旧基金及全部利润，企业所需资金统一由国家根据计划拨付，即油气企业在上缴利润和折旧基金的基础上，还要缴纳产品税加以调节。据统计，平均每年陆上油气企业缴纳的工商税收不足其上交利润的1/10。在这一阶段，油气企业总产值和财政上缴额在国民经济中所占的比重逐年上升。这种统收统支的分配方式在当时的历史条件下对迅速恢复和发展石油工业起到了积极的促进作用。在此期间，国家在极端困难的情况下还给予石油工业政策倾斜，于1953年确定“石油、煤炭、电力为先行工业”，在财政、税收等方面给予倾斜，1950—1952年国家投资1.51亿元，“一五”期间又投资19.37亿元用于石油工业的生产建设，为石油工业的发展奠定了良好的基础[71]。水土保持补偿费制度开始于20世纪60年代。

3.1.2 停滞阶段（1981—1982年）

这一阶段国家对石油工业实行产量包干政策，税收基本上没有发挥调节作用。1981年为扭转陆上原油产量徘徊不前的局面，国家果断做出了对陆上油气企业实行1亿吨原油产量包干的重大决策，原石油工业部在完成年产量1亿吨原油任务后，可将超产、节约自用和降低损耗的原油用以出口，并将国际石油价格与国内石油价格的差额除上缴国家能源交通重点建设基金外，绝大部分作为油气企业勘探开发基金，并且国家对油气企业的投资并没有减少。这项政策缓解了油气企业资金困难，对迅速扭转原油产量下降，使石油工业步入新的稳定发展阶段起了决定性作用。这一阶段国家对油气企业的税收基本停止。

3.1.3 发展阶段（1983—1993年）

这一阶段国家对油气企业摒弃统收统支和产量包干的政策，通过两次“利改税”，税收的调控作用明显增强。为适应新经济形势发展的需要，规范国家和企业的分配关系，国家于1983年、1984年先后进行了“利改税”和全面的工商税制改革，逐步将国家和国有企业的分配关系纳入法制化轨道。通过“利改税”和工商税制改革，首先，使税收对石油工业的调控有所加强，并逐渐成为国家和油气企业利润分配的主要形式。这期间油气企业缴纳的税种主要有产品税、营业税、资源税、国营企业所得税、水土流失防治费（水土保持设施补偿费）等十余种。油气企业上缴国家税费逐年上升，从1983年的38.6亿元增加到1993年的65.4亿元。“利改税”在一定程度上缓解了由价格不合理所带来的矛盾，使企业在利润悬殊状况有所改善的情况下开展竞争，有利于鼓励先进，鞭策落后。税收已经成为油气企业生产经营、投资决策和项目评估中必须认真考虑的重要因素。其次，大大调动了油气企业的生产积极性，增强了油气企业活力，有利于企业成为自主经营、自负盈亏的相对独立的经济实体，其积极作用应当予以肯定。

然而，值得注意的是，尽管这一阶段税收的调节作用较以往各阶段有所加强，但由于这一阶段油气企业的主要任务依然是完成国家下达的指令性计划，并且国家严格控制石油价格，油价明显偏低，造成了大部分油气企业税后几乎没有利润，严重束缚了油气企业自我调整、自我积累和自我发展。上述因素的制约导致了 1988 年出现的油气企业全行业政策性亏损的局面。为此，从 1988 年开始，国家允许油气企业提取储量有偿使用费用于建立油气勘探开发基金，由石油工业部根据需要在全国范围内统一调剂使用，免征各种税收。事实上由于国家实行价格管制等诸多计划性措施，油气企业并没有充分享受到“利改税”和工商税制改革所带来的好处，相反出现长达 6 年之久的政策性亏损局面。这期间石油产量徘徊不前，始终维持在 1. 366 亿 ~ 1. 391 亿吨之间，年增长率仅为 0. 35% ，成为石油工业发展史上前所未有的徘徊时间最长的时期。

3. 1. 4 改革阶段（1994—1999 年）

这一阶段通过全面工商税制改革，税收成为国家与油气企业利润分配的主要形式。为适应市场经济发展的需要，1994 年中国进行了全面性、结构性的工商税制改革，建立了符合市场经济要求的税制体系，其中一个重要的改革目标，就是从过去国家习惯于用行政手段直接管理经济，向主要运用经济的、法律的手段宏观调控经济转变。在新税制实施后，税费对油气企业的调控作用明显加强。税改后陆上油气企业的纳税种类有所变化，其主要税费种类有：增值税、营业税、资源税、企业所得税、矿产资源补偿费、城市维护建设税、土地使用税、车船税、房产税、印花税等十余种，税费成为国家调控石油工业的重要手段。

3. 1. 5 调整阶段（2000—2015 年）

这一阶段为新税制调整补充阶段，为适应建立市场经济体制、油气勘探开发和油品消费的需要，国家陆续调整补充了涉及油气资源的增值税、营业税、资源税等税种，并陆续开征了石油特别收益金、水土流失补偿费等税种。国家对油气企业的增值税、营业税进行了一定的调整，调整之后油气企业的缴纳税种接近固定模式，靠近国际税制惯例。这次调整是税制改革以来国家对油气企业税收进行的比较大的调整，标志着国家开始重视油气企业生产的特点，使油气税费改革进入新的时期。由于原油天然气价格的波动，油气资源税经历了多次调整。2003 年国家颁布《排污费征收使用治理条例》，进一步规范了排污费的征收；2004 年，国家税务总局会同有关部门扩大资源税的范围；2009 年初开始实施成品油税费改革；2010 年 6 月，率先在新疆实行资源税改革，对石油、天然气按 5% 的税率从价计征，7 月此改革推广至西部所有 20 个省份；2011 年 11 月正式实行《资源税暂行条例》，全国范围实行原油、天然气资源税按 5% 的税率从价计征；2014 年 12 月，原油、天然气矿产资源补偿保持费费率降为零，相应将资源税适用税率由 5% 提高至 6%。资源税颁布的规章或法律文件调整对象主要为资源税的征税范围或者适用税额标准，特定单个调整对象的时效性比较强，明确化程度比较高，但是稳定性比较差。

2006 年，国家开始征收石油特别收益金，按规定对因原油价格超过 40 美元/桶所获得的超额收入，按 5 级超额累进从价定率的方式，缴纳石油特别收益金。2011 年石油特别收益金起征点调至 55 美元/桶，2015 年又再次调高了收费标准，调至 65 美元/桶。

2009 年 1 月 1 日起，油气企业相互之间为生产原油、天然气提供的生产性劳务应缴纳增值税，税率是 17%，减轻了油气企业的重复纳税，也就是“营改增”的雏形。2011 年 10 月国务院开展“营改增”试点。

2014 年 5 月 1 日起，油气资源在建设期间，按照征占用土地面积计征水土保持补偿费；在开采期间，根据油气生产井（不包括水井、勘探井等）占地面积按年计征水土保持补偿费，每口油气生产井占地按不超过 2000 平方米计算，对丛式井每增加一口井，增加计征面积按不超过 400 平方米计算，每平方米每年收费不超过 2 元。各地在核定具体收费标准时，充分评估损害程度，对生产技术先进、管理水平较高、生态环境治理投入较大的资源开采企业，在核定收费标准时按照从低原则制定。

2014 年 12 月 1 日起，原油和天然气矿产资源补偿费费率降为零。此外，石油消费税价格一升再升。2006 年 3 月财政部、国家税务总局下发通知，取消汽油、柴油税目，增列成品油税目，汽油、柴油改为成品油税目下的子目。2008 年石脑油消费税 0.2 元/每升，燃料油消费税 0.1 元/每升；2012 年石脑油与燃料油消费税大幅度提高，石脑油 1 元/每升，燃料油 0.8 元/每升；2014 年汽油、石脑油消费税 1.4 元/每升，柴油、燃料油消费税 1.1 元/每升；2015 年汽油、石脑油消费税 1.52 元/每升，柴油和燃料油消费税 1.2 元/每升。国家多次提高成品油消费标准，提高成品油消费税的新增收入，进一步加强消费税在治理大气污染、促进节能减排的调控力度。

3.1.6　完善阶段（2016 年至今）

这一阶段面对更为错综复杂的国际环境和国内艰巨繁重的改革发展稳定任务，国家加快推进了税制改革。2016 年 5 月 1 日起，“营改增”试点范围又扩大到建筑业、金融业、生活服务业、房地产业，营业税退出历史舞台。“营改增”是中国改革财税体制的主要点，“促进产业转型和将重复征税的问题解决”是“营改增”的重要意义。“营改增”就是将缴纳营业税的应税项目改成缴纳增值税，主要涉及范围是交通运输业以及部分现代服务业。在营业税制下，出口应税劳务不能退税，对于出口企业参与国际竞争没有优势，而增值税制下，可以降低出口企业的劳务成本。一个产品流转越多，要重复缴纳的营业税也就越多，“营改增”有利于消除重复征税，打通增值税抵扣链条[71]。2018 年成品油原来适用的增值税税率由 17% 调整为 16%，同年，国家税务总局颁布公告，所有成品油发票都需要通过增值税发票管理新系统中成品油发票模块开具，新政实施为成品油消费税的征收提供了便利。2019 年成品油增值税税率再次由 16% 下降至 13%。成品油增值税的降低可以给油气企业减轻税负，同时，增值税的降低可以使国内汽油、柴油零售价格都同时降低，给消费者带来好处。2019 年 12 月，国家财政部和税务总局发布消费税的征求意见稿，向社会公开征求意见，为以后征税环节改革进行了铺垫。2020 年资源税再次改革，明确了从价计征为主的计税方式，对取用地表水或者地下水的单位和个人试点征收水资源税。同时，也规范了减免税管理，比如，低丰度油气田等减征资源税。

3.2　改革阶段以来油气税费调整及其影响

1994 年实施的新税制是中国建立社会主义市场经济体制的一项重大举措，新税制运行总体上是平稳的。实践证明，新税制在理顺中央与地方、国家与企业的分配关系、保证财政收入、增强国家宏观调控能力、调节生产与消费、均衡社会财富占有等方面发挥了重要作用，基本上达到了预期的效果。新税制的实施对油气企业产生了极为深刻的影响，国家为配合税制改革，上调了原油价格，基本形成与国际油价逐渐接轨的价格形成机制，这些举措在一定程度上改善了油气企业的经营状况，扭转了长期政策性亏损的局面。但是，由于新税制未能充分考虑到石油行业高风险、高投入、高资本密集度和生产利润率随着资源条件和开采程度而变化等诸多特点，在实施过程中的局限性逐渐显现。为此，国家根据油气资源需要陆续对税费进行了调整和补充。

3.2.1　增值税、营业税调整

3.2.1.1　适应重组改制的增值税、营业税调整

1998 年国家对油气企业进行了重组改制，重组改制对油气企业产生较大影响。为了促进油气企业重组改制，解决在税收方面出现的一些问题，加强石油天然气生产企业增值税的征收管理工作，国家于 1999—2016 年对油气企业增值税、营业税进行了较大调整。

（1）增值税、营业税政策调整的背景

1998 年油气企业进行了重组改制，重组改制后油气企业分为油田股份公司和存续公司两个法人实体，成为两个不同的纳税人。油气企业税收面临新的问题，主要表现在两方面：

一是营业税税负增加。重组前，油气企业作为一个纳税人，内部相互提供的施工作业、技术服务、运输等生产性劳务作为内部生产活动，免征营业税。重组后，油田股份公司和存续公司作为不同法人实体，其业务往来成为独立核算企业之间的经营行为。存续公司向油田股份公司提供生产性劳务，就其服务性质和会计核算条件，属于营业税征税范围，应依法缴纳营业税，存续公司不再享有免征营业税的优惠政策。据此，存续公司的营业税税额有较大的上升，增加了油气企业营业税总体负担。按照 1998 年内部结算价，存续公司仅技术服务、施工作业和运输的业务工作量就达 351 亿元，其中从油田股份公司获得的工作量为 318 亿元，本油田的业务约占 70%。这部分业务失去免税优惠，须按 3% 税率缴纳营业税。1998 年存续公司仅技术服务、施工作业和运输等生产性劳务就净增营业税约 617 亿元。

二是增值税税负也增加。增值税是对商品生产和流通中各环节的新增价值或附加值进行征税，从计税原理上看，由于环环抵扣，同一产品只要最终销售价格相同，税负也就相同，同样产品不会因为企业组织形式的改变、产品交易次数的不等而改变税负。增值税对企业组织结构的影响是中性的，使企业组织

结构调整的决策不受税收政策的干扰，促进企业变纵向的全能生产为横向的专业化分工协作。但是，由于中国当时实行的是生产型增值税，且征税范围在服务领域仅限于加工、修理修配劳务，使得油气企业在专业化重组中增加了税负。一方面，施工作业、技术服务等服务类单位是营业税纳税人，其经营活动中消耗的材料，购买时支付的进项税额将不能抵扣，而必须列入材料成本；另一方面，油田股份公司外购的施工作业、技术服务等业务，由于不能从存续公司取得增值税发票因此所支付的劳务费也不能抵扣，客观上承担了这部分并非构成其增值额的增值税款。

（2）增值税、营业税调整主要内容

为了促进油气企业重组改制，解决在营业税、增值税税负增加的问题，1999 年 12 月 22 日国家税务总局发布了《关于油气田勘探开发劳务征收营业税的补充通知》（以下简称《营业税补充通知》）；2000 年 1 月 1 日财政部、国家税务总局联合发布了《油气企业增值税暂行管理办法》；2001 年 2 月 15 日国家税务总局发布了《关于油气企业增值税问题的补充通知》（以下简称《增值税补充通知》）；2009 年财政部、国家税务总局印发《油气企业增值税管理办法》；2013 年“营改增”在全国各地推广，2016 年 3 月 24 日财政部、国家税务总局向社会公布了《营业税改征增值税试点实施办法》，2016 年 5 月 1 日起，在全国范围全面推开“营改增”试点。这是税制改革以来国家对油气企业税收政策进行的比较大的调整。

1999 年 12 月 22 日发布的《营业税补充通知》的主要内容是：非油气企业提供的油气田勘探开发劳务应按 3% 税率缴纳营业税。

2000 年 1 月 1 日发布的《油气企业增值税暂行管理办法》的主要内容有二：一是扩大了增值税的征税范围，增值税征税范围由单一的销售货物、加工、修理修配劳务扩大到为生产产品而提供的生产性劳务，即将油气企业为生产原油、天然气提供的生产性劳务，具体包括地质勘探、钻井、测井、录井、试井、固井、井下作业、管道及油气集输工程、油气生产注水工程、海滩油田工程、供排水工程、供电工程、通信工程、油田建设工程等纳入增值税征收范围，不再征收营业税。二是对油气企业不得抵扣进项税额固定资产的范围作了限定，明确规定了石油专用设备、施工设备、运输设备、动力设备、机修加工设备和其他等 6 大类 100 种固定资产不得抵扣进项税额，除此之外的其他固定资产允许抵扣进项税额，扩大了油气企业进项税额的抵扣范围[72]。

2001 年 2 月 5 日发布的《增值税补充通知》的内容主要有三：一是强调

征收增值税的生产性劳务仅限于油气企业间相互提供的属于《增值税管理办法》规定的劳务。油气企业向非油气企业或非油气企业向油气企业提供的生产性劳务不征收增值税，征收营业税（现已不再征收）。存续公司经过持续性重组、改制后不论是控股还是参股仍按油气企业增值税办法征税。二是油气企业向外省、自治区、直辖市其他油气企业提供生产性劳务，应当在劳务发生地税务机关办理税务登记或注册税务登记。在劳务发生地设立分（子）公司的，应当申请办理增值税一般纳税人认定手续，经劳务发生地税务机关认定为一般纳税人后，按照增值税一般纳税人的计算方法在劳务发生地计算缴纳增值税。油气企业在劳务发生地未设立分（子）公司但提供生产性劳务的，在劳务发生地按6%的预征率计算缴纳增值税，按预征率预缴的税款可在油气企业的应纳增值税中抵减。三是油气企业将承包属于生产性劳务的工程转包、分包给油气企业或其他企业，应当就其总承包额计算缴纳增值税。非油气企业将承包的属于生产性劳务的工程转包、分包给油气企业或其他企业，其工程收入不缴纳增值税，应当缴纳营业税。

2009年1月19日发布的《油气企业增值税管理办法》的主要内容为：一是油气企业持续重组改制继续提供生产性劳务的企业，以及2009年1月1日以后新成立的油气企业参股、控股的企业，按照本办法缴纳增值税。二是非油气企业将承包的生产性劳务分包给油气企业或其他非油气企业，其提供的生产性劳务不缴纳增值税。三是油气企业分包非油气企业的生产性劳务，也不缴纳增值税。油气企业提供的生产性劳务，增值税税率为17%。四是油气企业与其所属非独立核算单位之间以及其所属非独立核算单位之间移送货物或者提供应税劳务，不缴纳增值税。本办法规定的应税劳务，是指加工、修理修配劳务和生产性劳务。油气企业提供的应税劳务和非应税劳务应当分别核算销售额，未分别核算的，由主管税务机关核定应税劳务的销售额[73]。

2016年3月4日出台的《营业税改征增值税试点实施办法》的主要内容为：营业税停止征收，油气企业发生应税行为，适用《营业税改征增值税试点实施办法》规定的增值税税率。原油、成品油、石化产品增值税税率17%，液化石油气、天然气增值税税率13%，2017年7月1日，液化石油气、天然气税率调整为11%。

2018年财政部、国家税务总局调整增值税税率，将原油、成品油、石化产品原来适用的增值税税率17%调整为16%；液化石油气、天然气增值税税率由11%调整为10%。

2019 年 4 月 1 日起，原油、成品油、石化产品增值税税率由 16% 下降至 13%；液化石油气、天然气增值税税率由 10% 调整为 9%。

3.2.1.2　增值税转型试点改革

（1）增值税转型试点的背景

1994 年，我国颁布新的《增值税暂行条例》，实行生产型增值税，征收范围从最初的单一在工业生产领域征收，扩大到更广范围，包括：商业流通各环节以及加工、修理修配劳务领域。但随着中国经济形势进一步发展，一方面，经济体制改革逐步进入攻坚克难的关键时期，生产型增值税暴露出一系列问题，抑制了对扩大投资、设备更新和技术进步的促进作用；另一方面，当时国际上实行增值税的国家大多数采用消费型增值税，在这样的世界经济主流下，依然实行生产型增值税已不利于中国在国际市场上的有力竞争。构建有利于转变经济发展方式的财税体制，改革和完善税收制度，扩大增值税征收范围，相应调减营业税等税收，完善有利于产业结构升级和服务业发展的税收政策就已迫在眉睫。

（2）增值税转型试点的主要内容

为了振兴东北老工业基地和全国实施增值税转型改革积累经验，2004 年国家选择东北地区的部分行业试行扩大增值税抵扣范围，即率先进行消费型增值税改革试点。2004 年 9 月 14 日财政部、国家税务总局联合下发了《东北地区扩大增值税抵扣范围若干问题的规定》。该规定自 2004 年 7 月 1 日起，对东北地区从事石油化工业等生产为主的增值税一般纳税人，购进固定资产、用于自制固定资产的货物或应税劳务和为固定资产所支付的运输费用等所含进项税金，准予用当年新增加的增值税税额抵扣。当年没有新增加的增值税税额或新增加的增值税税额不足抵扣的，未抵扣的进项税额可以结转以后年度继续抵扣。

在 2004 年东北地区老工业基地实行增值税转型试点改革取得成效的基础上，2007 年 7 月 1 日开始，财政部、国家税务总局出台的《中部地区扩大增值税抵扣范围暂行办法》在中部六省的 26 个老工业基地城市的 8 个行业中全面实施。

（3）增值税转型对油气企业税负影响的数理分析

生产型增值税模式下的固定资产原值包含购进资产时的增值税进项税额，而在消费型增值税模式下则不包含该进项税额。固定资产原值不同会导致企业每年计提的固定资产折旧也不同，这不仅影响到企业的当期费用，还造成企业应纳税所得额出现差异，进而影响到企业的整体税负发生变化。又由于现实生活中货币具有时间价值，在验证增值税变动给企业税负带来影响时，还要考虑到增值税变动所影响的未来税金变化额的现值。因此，建立一个动态的考虑货币时间价值的模型，才能更加准确地分析出增值税转型给企业实际税收带来的影响。

按照中国会计准则及制度的规定，油气企业的固定资产统一采用平均年限法提取折旧。

（4）增值税转型对油气企业增值税负和整体税负的影响

假设 X 为增值税转型对油气企业增值税负的影响额（改制后增值税比照改制前增值税的变动量），则：

$$X = Ap - (A + Ap)p = -Ap^2 \tag{3-1}$$

式 3-1 中：A 为油气企业期初新投资固定资产原值（不含税）；p 为增值税税率；Ap 为新购进固定资产的进项税额。

假设 Y 为增值税转型对油气企业整体税负的影响额（改制后企业整体税负比照改制前企业整体税负的变动量）。

生产型增值税下年应纳企业所得税可表示为：$(B_i - D_{1i}) \cdot T$；消费型增值税下年应纳企业所得税可表示为：$(B_i - D_{2i}) \cdot T$；那么，增值税转型对企业整体应纳税金的影响为：

$Y = \sum[(B_i - D_{2i})T - (B_i - D_{1i})T] - Ap$，其中 $i = 1, 2, \cdots, n$

又：

$D_{11} = A(1+p)(1-q)/n$

$D_{12} = [A(1+p)(1-q)]/[n(1+r)]$

…

$D_{1n} = [A(1+p)(1-q)]/[n(1+r)^{n-1}]$

$D_{21} = A(1-q)/n$

$D_{22} = [A(1-q)]/[n(1+r)]$

…

$D_{2n} = [A(1-q)]/[n(1+r)^{n-1}]$

生产型增值税下折旧额和消费型增值税下折旧额的关系为：

$$(D_{11} + D_{12} + \cdots + D_{1n}) - (D_{21} + D_{22} + \cdots + D_{2n}) = [Ap(1-q)/n]\{[1 - 1/(1+r)^n]/[1 - 1/(1+r)]\} \tag{3-2}$$

所以，n 年企业由于增值税转型引起的应纳税额变动模型为：

$$Y=[(B_1-D_{21})T-(B_1-D_{11})T+(B_2-D_{22})T-(B_2-D_{12})T+\cdots+(B_n-D_{2n})T-(B_n-D_{1n})T]-Ap=[(D_{11}+D_{12}+\cdots+D_{1n})-(D_{21}+D_{22}+\cdots+D_{2n})]T-Ap \quad (3-3)$$

将式 3－2 代入式 3－3 整理后可得增值税转型引起企业总体应纳税额变动模型为：

$$Y=Ap\{[(1-q)T/n][(1-1/(1+r)^n)/(1-1/(1+r))]-1\} \quad (3-4)$$

式 3－2 至式 3－4 中：B_i为第 i 年利润总额（未扣除折旧）；D_{1i}为生产型增值税下第 i 年折旧额；D_{2i}为消费型增值税下第 i 年折旧额；T 为油气企业的所得税率（2008 年以前一般为 33%）；n 为固定资产折旧年限；q 为油气企业固定资产残值率；r 为折现率。

（5）增值税转型对大庆油田企业影响的实证分析

大庆油田是石油行业中比较有代表性的油气企业，以下以大庆油田 2002 年至 2004 年的相关数据作为样本，研究增值税转型给油气企业税负带来的影响。

根据国家有关规定，石油行业固定资产的预留残值率 q 为 3%（计提折旧时不扣除残值的油气井、注水注气井及输油气管线固定资产除外）；增值税税率 p 为 17%；企业所得税税率 T 为 33%（2008 年以前）。为了研究的方便，假设该油气企业固定资产平均折现率 r 为 12%；每年投入的固定资产折旧年限固定为 20 年。

大庆油田固定资产投资原始数据如表 3－1 所示。

表 3－1　　大庆油田 2002—2004 年新增固定资产投资表　　单位：万元

年份	2002 年	2003 年	2004 年
新增固定资产原值	197343	10099751	12890065

资料来源：《大庆统计年鉴》2004 年版，第 122～123 页。

将表 3－1 中所列新增固定资产价值数据代入数学模型中，计算汇总，得到表 3－2。

表 3－2　　大庆油田 2002—2004 年增值税转型油气企业税负影响额　　单位：万元

	2002 年	2003 年	2004 年
增值税变化额（X）	－33548.31	－1716957.67	－2191311.05
企业所得税变化（Y）	－25321.48	－1295919.25	－1653950.02

（6）增值税转型试点的意义

东北老工业基地和中部地区的石油石化工业等行业的生产型增值税有条件地调整为消费型增值税，具有如下意义：

首先，消费型增值税可以降低油气企业的税收负担。从表 3－2 中可以明显地看出，增值税转型后的油气企业增值税负及整体税负都会有所下降。据有关资料显示，2004 年大庆油田实现增值税 1577146 万元，增值税实际负担率由 2003 年的 23.32% 降至 20.01%。因而增值税转型大大减轻了油气企业的税收负担。

其次，消费型增值税有利于推进石油行业的快速发展。试行消费型增值税不但扩大了东北地区增值税的抵扣范围，而且由于允许油气企业对固定资产中新增机器设备部分进行抵扣，刺激了油气企业机器设备的投资增长和装备技术的更新与改造，提升了企业的生产能力，加速了装备技术的更新与改造，从而提高了油气企业的生产能力，优化了油气企业的产业结构，增值税的转型有利于促进整个石油行业的发展。

再次，为全国推行消费型增值税积累了丰富的经验。从表 3－2 可以看出，增值税转型给油气企业带来了十分积极的影响，也加速了在全国范围内实行消费型增值税的进程。因为增值税进项税额的抵扣应该是一个完整的链条，只在转型试点地区可抵扣进项税额，在其他地区不得抵扣，就会造成增值税链条中断、增值税税负不公平的问题。因此，只有在全国范围内推广消费型增值税才能解决这些问题。

3.2.1.3 增值税全面转型改革

（1）推行增值税转型的背景

由美国 2007 年次贷危机所引发的新世纪金融海啸，来势汹涌，威力巨大，不仅撼动华尔街金融体系、重创全球金融市场导致金融业流动性急剧紧缩，银行纷纷倒闭，更使商品流通市场严重失血，中国实体经济受到前所未有的冲击。根据国家统计局当时公布的经济数据显示：2008 年国内生产总值 300670 亿元，比上年增长 9.0%。分季度看，一季度增长 10.6%，二季度增长 10.1%，三季度增长 9.0%，四季度增长 6.8%。从第三季度开始国内生产总值按年增长率已跌穿双位数增幅，并且下滑加速，前三季度 GDP 增长仅 9.9%，为 2003 年第二季度以来的新低，也是连续五个季度下跌。2008 年前 9 个月工业增加值较 2007 年同期增长 15.2%，增速远低于 2007 年前 9 个月的

18.5%。高盛将中国 2008 年 GDP 增速由原来的 10.1% 调低至 9.8%，2009 年由 9.5% 下调至 8.7%；瑞银证券将中国 2010 年 GDP 增速预测由原来的 8.8% 下调至 8%。德意志银行中国经济学家马骏同样悲观，当时预期 2009 年中国经济增长 8.4%，2010 年更是只有 7%。上述各项数据表明，中国内地经济在全球金融海啸冲击、出口下滑、需求不足的严峻形势下，工业增长明显放缓，经济增长放缓，未来几年经济下行压力较大，形势不容乐观。著名经济学家吴敬琏认为，要防止世界金融危机进一步蔓延到中国的实体经济，政府需要加快用改革来破除制度性障碍，及时转变经济增长方式，这才是根本[74]。

税费制度必须服务于经济并配合经济发展适时而变。中国实行的增值税税制模式，在国内经济环境困难的情况下，弊端逐渐显现，在很大程度上束缚了经济增长方式的转变。在全球金融海啸甚至有可能演变为全球经济危机的形势下，刺激投资，优化产业结构，扩大内需，促进经济增长模式转变已成为中国经济发展的必然要求。同时由于国际化进程的推进，要求企业以更强的竞争力进入国际市场。而中国的生产型增值税固有的弊端抑制了资本及技术的投资，阻碍了产业结构的调整和升级，严重削弱了企业产品的国际竞争力，并造成内资企业处于不平等的竞争地位，所以生产型增值税转型为消费型增值税是大势所趋。在东北、中部等地区增值税转型改革试点取得预期成效的基础上，国务院适时决定自 2009 年起在全国所有地区、所有行业推行增值税转型改革。

（2）增值税全面转型的主要内容

自 2009 年 1 月 1 日起，在维持现行增值税税率不变的前提下，允许全国范围内（不分地区和行业）的所有增值税一般纳税人抵扣其新购进设备所含的进项税额，未抵扣完的进项税额结转下期继续抵扣。为预防出现税收漏洞，将与企业技术更新无关且容易混为个人消费的应征消费税的小汽车、摩托车和游艇排除在上述设备范围之外。与全面推行增值税转型改革相配套，有关部门还将相应取消进口设备增值税免税政策和外商投资企业采购国产设备增值税退税政策，将小规模纳税人征收率统一调低至 3%，同时将矿产品增值税税率恢复到 17%[75]。

与在东北老工业基地、中部地区所实施的转型改革试点办法相比，此次全国增值税转型改革方案在三个方面作了调整：一是企业新购进设备所含进项税额不再采用退税办法，而是采取规范的抵扣办法，企业购进设备和原材料一样，按正常办法直接抵扣其进项税额；二是转型改革在全国所有地区推开，取消了地区和行业限制；三是为了保证增值税转型改革对扩大内需的积极效用，转型改革后企业抵扣设备进项税额时不再受其是否有应缴增值税增量的限制。有关负责人表示，现行增值税征税范围中的固定资产主要是机器、机械、运输工具以及其他与生产、经营有关的设备、工具、器具，因此转型改革后允许抵扣的固定资产仍然是上述范围。房屋、建筑物等不动产不纳入增值税的抵扣范围[75]。

根据国务院批准的石油天然气企业增值税政策和增值税转型改革方案，配合增值税转型需要，财政部和国家税务总局修改《油气企业增值税管理办法》，于2009年1月1日起实施。新的《油气企业增值税管理办法》主要有两大变化：一是允许企业抵扣新购入设备所含的增值税。原《管理办法》规定企业购进固定资产所产生的进项增值税不得从销项税额中扣除，而在新《管理办法》中，只是规定“用于非增值税应税项目、免征增值税项目、集体福利或者个人消费的购进货物或者应税劳务，其产生的进项税额不得从销项税额中抵扣”。这一变化主要是为了与增值税改革措施相配套。二是明确缴纳增值税的生产性劳务仅限于油气企业间相互提供属于《增值税生产性劳务征税范围注释》的劳务，油气企业与非油气企业之间相互提供的生产性劳务不缴纳增值税。油气企业将其承包的生产性劳务分包给其他油气企业或非油气企业，应当就其总承包额计算缴纳增值税；非油气企业将承包的生产性劳务分包给油气企业或其他非油气企业，其提供的生产性劳务不缴纳增值税。油气企业分包非油气企业的生产性劳务，同样不缴纳增值税[76]。

3.2.1.4 增值税转型对油气企业的影响

国家适时实施增值税转型改革，这是中国历史上单项税制改革减税力度最大的一次，体现了国家运用税收杠杆对经济的调控作用，对油气企业产生了较大影响，国家重视油气企业生产的特殊性，油气企业的税收进入一个新的阶段。

（1）增值税转型对油气企业的积极影响

第一，降低油气企业的整体税负水平。前已述及，油气企业固定资产所占比例明显偏高，实施消费型增值税后，油气企业新购入设备所含的增值税允许从销项税额中全部抵扣，并且将油气企业为生产原油、天然气提供的生产性劳务纳入增值税的征收范围，这不仅扩大了油气企业进项税额抵扣范围，而且保证了增值税征收链条的衔接，减轻了企业增值税负担。同时也促进油气企业的技术改进和设备更新，提升了其综合实力，有利于加速油气企业的资金周转，有助于降低折旧费用，增加现金流，提高油气企业的市场竞争力。

第二，提高油气资源的回报率。增值税转型改革在全国全行业推开后，有利于加快资源、能源型城市的产业进一步升级。油气资源型城市可充分利用这一新政策，根据自身的发展特点，进一步打造优势产业，延伸产业链，提高资源的回报率。

第三，内外资油气企业实现公平税制。税制是否公平是衡量税制成功与否的重要标准，税制公平对企业发展也将产生积极的效应。从1998年1月1日起，中国对鼓励发展的外商投资项目进口设备，在规定范围内免征进口环节关税和增值税。从1999年9月1日起，外商投资企业购买国家限定范围内的国产设备可以退还其所含的增值税。虽然内外资企业实行的是统一的增值税制度，但由于在购进设备所含增值税的抵扣上，内外资企业的适用政策有别，这客观上就形成内资油气企业实行生产型增值税，而外资油气企业实行消费型增值税，这就导致了内资企业的税收负担要高于外资企业，使内资企业在市场竞争中处于不利地位。增值税的转型将有利于内外资油气企业增值税制度的完全统一，为企业营造公平的竞争环境，实现内外资企业税负水平的平衡和税制的统一。

第四，解决了生产性劳务在机构所在地与劳务发生地之间税收分配问题。根据《增值税管理办法》规定，油气企业提供的生产性劳务要在劳务所在地按照增值税一般纳税人的计算方法计算缴纳增值税。油气企业所需物资一般由管理机构的所在部门统购统供。这一规定将劳务所需购进物资的增值税进项税额的抵扣留在机构所在地，而由劳务产生的增值税销项税额全额留在劳务发生地，导致在机构所在地应交的增值税没有增加，反而减少，影响了机构所在地的财政收入。

(2) 增值税转型对油气企业的消极影响

第一，“营改增”给油气企业征税带来难题。突出表现在油气企业之间提供的研发和技术服务方面，研发服务是指就新技术、新产品、新工艺或者新材料及其系统进行研究与实验开发的业务活动。然而，对于区分新技术、新产品和新工艺之间区别，一直是一项比较困难的事情。例如工程院提供的技术服务是按油气企业增值税管理办法开具17%的增值税专用发票，还是按“营改增”研发服务开具6%的增值税专用发票？因为没有统一的界定，无形中给纳税人和征税机关带来了分歧，为税务征收埋下了隐患。此外，交通运输业、部分现代服务业、邮政服务业、铁路运输业和电信业被纳入“营改增”范围，但是

“营改增”中的应税劳务与《油气企业增值税管理办法》中规定的油气企业增值税 17% 的生产性劳务多有交叉，这也给油气企业在日常增值税业务的判定上增添了一定难度[76]。

第二，对生产性劳务中的其他劳务的界定不够明确。生产性劳务从广义上是指油气企业生产原油、天然气所进行的地质普查、勘探开发、石油产品销售等一系列生产过程中发生的全部劳务；从狭义上仅指生产环节中的直接劳务《增值税管理办法》将生产性劳务具体划分为 15 种，但对其他劳务的界定仍不够明确，例如，油气企业从事生产性劳务的一线施工作业大队大都在野外，其生活环境和生产环境融为一体，根据国家社会保障等部门的规定，直接用于这部分职工生产中所必需的各种生活、后勤保障、劳动保护等费用构成企业生产成本，对这部分劳务是否征收增值税有待细化。

第三，有关生产性劳务工程转包的规定不合法。根据《中华人民共和国合同法》第二百七十二条规定：承包人不得将其承包的全部建设工程转包给第三人或者将其承包的全部建设工程肢解以后以分包的名义分别转包给第三人。2021 年 1 月 1 日施行的《民法典》第七百九十一条重申了这一规定。《中华人民共和国建筑法》第二十八条规定：禁止承包单位将其承包的全部建筑工程转包给他人，禁止承包单位将其承包的全部建设工程肢解以后以分包的名义分别转包给他人。由此可见，转包和变相转包均为法律所禁止。

3.2.1.5　增值税转型后的调整

（1）实施全面“营改增”

2012 年 1 月 1 日率先在上海实施了交通运输业和部分现代服务业营改增试点。由于此次是第一批试点城市，大部分的公司会存在畏难情绪，对于新政策的改革难免存在不适应，但是“营改增”对未来的好处被企业逐渐熟悉后，便积极主动配合税制改革，同时，国家各级税务机关采取了多种帮扶形式，帮助企业稳定度过改革阶段。

2012 年 9 月 1 日至 12 月 1 日，交通运输业和部分现代服务业“营改增”的行业试点进行了扩大，由上海分 4 个批次扩大到北京市、江苏省、浙江省、湖北省等 12 个省市。2013 年 8 月 1 日行业试点推向全国，同时将广播影视服务也纳入了试点范围；2014 年 1 月 1 日电信业在全国范围实施“营改增”试点；2016 年 5 月 1 日试点范围再次扩大到建筑业、房地产业、金融业和生活服务业。至此，营业税彻底退出历史舞台[77]。

（2）全面“营改增”后续调整

2018年5月1日，制造业等行业增值税适用税率从17%降到16%，交通运输等行业增值税适用税率从11%降到10%。

2019年4月1日，制造业等行业增值税适用税率从16% 降到13%，交通运输等行业增值税适用税率从10% 降到9%。

自2021年4月1日至2022年12月31日，对月销售额15万元以下（含本位数）的增值税小规模纳税人，免征增值税。

3.2.2　消费税调整

3.2.2.1　成品油消费税调整的背景

中国石油消费税是以成品油为课税对象征收的一种流转税。随着环境压力越来越大，节能减排成为经济结构调整、发展方式转变的突破口和重要抓手。为合理引导消费、促进节能减排和环境保护，财政部和国家税务总局于2006年至2021年多次对成品油缴纳消费税进行了调整。

3.2.2.2　成品油消费税调整的主要内容

2006年3月财政部、国家税务总局下发《关于调整和完善消费税政策的通知》，对消费税的税目、税率及相关政策进行了较大调整，取消汽油、柴油税目，增列成品油税目。汽油、柴油改为成品油税目下的子目。另外新增石脑油、溶剂油、润滑油、燃料油、航空煤油5个子目。采用差别定额税率，即柴油0.1元/升，汽油0.2元/升（含铅汽油0.28元/升），石脑油0.2元/升，溶剂油0.2元/升，润滑油0.2元/升，燃料油0.1元/升，航空煤油0.1元/升。但又规定，石脑油、溶剂油、润滑油、燃料油暂按应纳税额的30%征收消费税，航空煤油暂缓征收消费税。

2008年2月财政部、国家税务总局发布了《关于调整部分成品油消费税政策的通知》，决定自2008年1月1日起，对石脑油、溶剂油、润滑油按每升0.2元征收消费税，燃料油按每升0.1元征收消费税；自2008年1月1日起至2010年12月31日止，进口石脑油和国产的用作乙烯、芳烃类产品原料的石脑油免征消费税；生产企业直接对外销售的石脑油应按规定征收消费税。

2012年11月6日国家税务总局颁布了关于消费税政策新公告，规定从2013年1月1日起，对一切非国际液态石油化工产品征收消费税，以石脑油

（1 元/升）或燃料油（0.8 元/升）的税率进行征收。

2014 年财政部以及国家税务总局于当年 11 月和 12 月，两次上调了成品油消费税，将汽油、石脑油、溶剂油和润滑油的消费税单位税额由 1.12 元/升提高到 1.4 元/升，将柴油、航空煤油和燃料油的消费税单位税额由 0.94 元/升提高到 1.1 元/升。

2015 年 1 月 13 日又再次提升了成品油消费税，汽油、石脑油、溶剂油和润滑油的消费税单位税额由 1.4 元/升提高到 1.52 元/升；将柴油、航空煤油和燃料油的消费税单位税额由 1.1 元/升提高到 1.2 元/升，航空煤油暂缓征收。

2018 年 1 月国家税务总局发布了《关于成品油消费税征收管理有关问题的公告》，主要有以下几个方面：一是退还消费税，其他发票或凭证不能再作为计算退还消费税的凭证，外购石脑油、燃料油用于生产乙烯、芳烃类化工产品的，要按照专用发票上所标明的具体数额进行计算。二是税款所标明的日期在 2018 年 3 月 10 日以后的，纳税人申报成品油消费税时应填写新的《成品油消费税纳税申报表》及其附列资料。三是成品油经销企业应在 2018 年 3 月 10 日前的期限内，将 2018 年 2 月 28 日以前的成品油库存情况进行录入。四是外购用于连续生产的成品油，取得 2018 年 2 月 28 日前开具的增值税专用发票且符合扣除规定的，纳税人应于税款所属期 2018 年 4 月前申报，且连续生产耗用后，按规定计算扣除已纳消费税税款[78]。2021 年 5 月 14 日国家对 7 类成品油之外的油品，视同石脑油或燃料油征收进口环节消费税，包括：进口混合芳烃、轻循环油和稀释沥青。

3.2.2.3　成品油消费税调整的影响

（1）改变了消费税缺位现状

通过调整，新增石脑油、溶剂油、航空煤油、润滑油和燃料油等税目，扩大了成品油征税范围，加上汽油、柴油目前一共 7 种成品油缴纳消费税，扭转了征税范围缺位现象。

（2）有利于节约石油资源和环境保护

近年来，中国经济发展与资源环境的矛盾突出，节能减排工作任务艰巨。一方面，随着经济发展和人民生活水平提高，中国对石油需求不断增加，由于资源匮乏，中国从 1993 年由净出口国变为净进口国，对外依存度逐年提高，目前已达到 73%。同时，寻找石油资源的成本也越来越高，石油利用效率低、单耗水平高、浪费现象严重。随着机动车保有量的快速增长，耗油量急剧增加，燃油污染也日益严重。目前大城市80%以上的一氧化碳、45%以上的氮氧化物来自机动车尾气排放，为保持经济社会的可持续发展，迫切需要抑制成品油的不合理消费。因此将石脑油、溶剂油、航空煤油、润滑油和燃料油纳入征税范围，进一步推动了税收制度朝着促进节能减排、合理引导消费的方向转化。

（3）部分石脑油免征消费税降低了乙烯的生产成本

进口石脑油以及国产用作乙烯、芳烃类产品原料的石脑油免征消费税的政策，刺激国内炼厂进口石脑油补充国内资源缺口。由于中国油气资源相对匮乏，而石油化工行业稳健发展、不断壮大，因此，中国的石脑油主要是靠进口，2015年开始中国石油进口呈现逐渐上升趋势，2020年上升到759万吨。同年，因为疫情影响公共卫生发展迅速，国内对乙烯的需求量较大，中国石脑油需求量继续呈现增长趋势。对部分石脑油免征消费税这一措施是国家为可能出现石脑油需求缺口提前做出的准备，这不仅有助于缓解乙烯业日益严重的原料短缺问题，也促进了以石脑油为原料的国产乙烯和芳烃类产品与进口同类产品的公平竞争。

3.2.3 资源税调整

资源税对在中国境内开采应税矿产品和生产盐的单位和个人征收，是对自然资源征税的总称。1984年开始征收时，资源税税目只有煤炭、石油、天然气，后来扩大到铁矿石。1994年，资源税实行“普遍征收，级差调节”的新资源税制。资源税既具有调节级差收入性质，又扩展到资源有偿使用性质，纳入国家总体税收财政预算。按照1993年制定的《资源税暂行条例》的规定，资源税按照“从量定额”的计征模式被普遍认为缺乏弹性，不能反映资源价格的变动，也不能体现资源税本身的价值。国家决定于2011年11月1日起开始实行修改后的《资源税暂行条例》《对外合作开采海洋石油资源条例》和《对合作开采陆上石油资源条例》。新《暂行条例》在现有资源税从量定额计征基础上，增加了从价定率的计征办法，这更能发挥出税收的级差调节作用、抑制资源浪费[79]。

3.2.3.1 油气资源税调整背景

随着中国经济快速高质量发展、国际化程度不断加深、可持续发展理念逐步深入，从量计征的油气资源税制度随之出现了很多弊端，已经严重影响和制约了中国经济和社会可持续发展，迫切需要对其进行调整和改革。一方面，国际油价飙升，国内资源税税额不动。自 2002 年以来，国际原油价格开始一路攀升，每桶从 30 美元升高到 50 多美元，2008 年 7 月纽约、伦敦两地原油期货首次双双突破每桶 147 美元。在油价一路飙升的情形下，中国石油进口仍保持增长势头，这不仅增加了国家的外汇支出，增加了国民经济的整体运行成本，影响了中国经济的持续、稳定、健康的发展态势，并有可能危及整个国家经济的安全。据测算国际市场石油价格每桶每变动 1 美元，将影响中国进口用汇 4 亿元人民币，影响经济增长 0.043 个百分点[80]。在国际石油价格飙升的同时，国内原油资源税 10 年间只有两次小幅度小范围的上调，即 2000 年 7 月将胜利油田原油资源适用税额由 12 元/吨调整为 14 元/吨，2004 年 1 月将大庆油田原油资源适用税额由 8 元/吨调整为 12 元/吨，其他油田基本没有调整，依旧是根据 1993 年颁布的《资源税暂行条例》缴纳。这种油气资源税调整的滞后局面，同样迟滞着资源型城市的经济持续发展。因此有必要通过提高资源税税额缓解因油价飙升引发的诸多问题。另一方面，石油进口量逐年攀升，对外依存度不断增强。改革开放以来，随着中国经济的高速度增长，对能源尤其是石油的需求量也迅速提升，国民经济的快速增长，必然导致作为经济发展基础驱动力的石油能源的需求与消费的迅速增长。不难预见，在较长一段时期内，中国仍将是世界上石油消费增长较快的国家，经济增长对石油能源消费的要求将持续增加，石油供求问题将是中国经济可持续发展和全面建设小康社会难以回避的瓶颈问题，因此有必要通过提高资源税税额缓解供需紧张的局面。

3.2.3.2 油气资源税调整内容

财政部、国家税务总局决定，自 2005 年 7 月 1 日开始，原油资源税税额标准由原来的 8～30 元/吨调整为 14～30 元/吨；天然气资源税税额标准由原来的 2～15 元/千立方米调整为 7～15 元/千立方米。在原油领域，税额征收标准被分为每吨 30 元、28 元、24 元、22 元、18 元、16 元和 14 元 7 个等级。其中大庆油田有限责任公司、中国石油天然气股份有限公司新疆油田分公司等 7 家公司税额标准最高，各企业的稠油、高凝油税额标准最低。在天然气领域，税额标准为每千立方米 15 元、14 元、13 元、12 元、9 元和 7 元 6 个等级。较之上两次石油资源税调整，本次调整的涉税企业，分布范围较广，税额差异较大（见表 3－3）[80]。

表 3-3　　　　2005 年原油资源税税额表

税目	纳税企业	税额	单位
原油	大庆油田有限责任公司；中国石油天然气股份有限公司新疆油田分公司、塔里木油田分公司、塔里木河南勘探公司、吐哈油田分公司、青海油田分公司；中国石油化工股份有限公司西北分公司	30 元	吨
	中国石油天然气股份有限公司华北油田分公司、长庆油田分公司、延长油矿管理局	28 元	吨
	中国石油天然气股份有限公司冀东油田分公司、大港油田分公司；中国石油化工股份有限公司中原油田分公司、江汉油田分公司；中国石化中原油气高新股份有限公司	24 元	吨
	中国石化胜利油田有限公司；中国石油天然气股份有限公司辽河油田分公司、吉林油田分公司；中国石油化工股份有限公司华东分公司、江苏油田分公司、河南油田分公司	22 元	吨
	中国石油天然气股份有限公司西南油气分公司、玉门油田分公司	18 元	吨
	其他石油开采企业	16 元	吨
	各企业的稠油、高凝油	14 元	吨

资料来源：国家税务总局。

根据《国务院关于修改〈中华人民共和国资源税暂行条例〉的决定》，2011 年 11 月 1 日起，资源税的应纳税额，按照从价定率或者从量定额的办法，分别以应税产品的销售额乘以纳税人具体适用的比例税率或者以应税产品的销售数量乘以纳税人具体适用的定额税率计算。其中石油和天然气两个税目从价定率计征资源税，按照石油和天然气销售额的 5% ~10% 的税率计征。根据财政部发布的《资源税暂行条例实施细则》，从 2011 年 11 月 1 日起，石油、天然气资源税执行 5% 税率。

财政部、国家税务总局决定，自 2014 年 12 月 1 日起，油气资源税适用税率由 5% 提高至 6%；对油田范围内运输稠油过程中用于加热的油气免征资源税，对稠油、高凝油和高含硫天然气资源税减征 40%，对三次采油、深水油气田资源税减征 30%，对低丰度油气田资源税暂减征 20%；统一内外资企业的油气资源税收制度，取消了对中外合作油气田和海上自营油气田征收的矿区使用费，统一改征资源税；中石油、中石化陆上油气企业的综合减征率和实际征收率由财政部和国家税务总局确定，具体综合减征率和实际征收率按《陆上油气企业原油、天然气资源税综合减征率和实际征收率表》执行。为便于征管，对开采稠油、高凝油、高含硫天然气、低丰度油气资源及三次采油的陆上油气企业，根据以前年度符合上述减税规定的原油、天然气销售额占其原油、天然气总销售额的比例，确定资源税综合减征率和实际征收率，计算资源税应纳税额[81]。

2020 年 9 月 1 日，《资源税暂行条例》进入法制化阶段，上升为《中华人民共和国资源税法》，国家提升了资源税的法律位阶。《中华人民共和国资源税法》规定，从低丰度油气田开采的原油、天然气减征 20% 资源税；高含硫天然气、三次采油和从深水油气田开采的石油天然气减征 30% 资源税；稠油、高凝油减征 40% 资源税，从衰竭期矿山开采的矿产品减征 30%[82]。

3.2.3.3 油气资源税调整的影响

2011 年以前，油气资源税依旧采取从量定额征税方式，而没有采取从价税。随着油价的走高，国内原油价格已由 1993 年的每吨 500 元提高到 2010 年的每吨 4000 多元，石油资源税率实际已下降至 5‰左右，远远低于国际上通常采用的资源税为当时石油价格的 10% 的标准。尽管财政部和国家税务总局在全国范围内调高油气资源税的税额，但上调幅度与世界其他各国相比，显得迟缓而微不足道。税率偏低的直接结果，一方面使国内油气企业利润猛增，国内三大石油集团利润总额 1998 年仅 100 亿元，而 2010 年三大石油公司利润总额超过了 3680 亿元，就资源税而言，国家未能因原油价格飙升而直接受益；另一方面，国内石油公司主体业务在海外上市之后，外资已占其相当份额。换言之，外资可以借助海外上市的国内油气企业，低价享有国内的油气资源，而资源税从量定额征税方式显然有悖于国家发展石油工业的初衷。

油气资源税改革发挥了可持续发展的积极作用，对中央、地方和企业均产生了较大影响，主要表现为：

（1）建立了税收与资源价格直接挂钩的调节机制

资源税收入与反映市场供求和资源优劣的矿价挂钩，强化了税收调节机制，原则上对资源赋存条件好、价格高的资源多征税，对条件差、价格低的资源少征税，并对开采难度大及综合利用的资源给予税收优惠，促进资源节约和高效利用。

（2）有利于调节资源收益和调整利益分配格局

改革前，油气企业利润以所得税等形式成为中央政府的财政收入，有相对较少份额的油气资源税收入归地方政府所有，油气资源税改革后，资源税税负水平大幅度提高，油气开采企业的资源税负压力加大，当地政府财政收入得到了大幅增加，政府通过税收的形式提高了在油气资源收益分配中的比重，形成了石油、天然气资源收益分配中新的利益格局。

（3）有利于油气开采企业转变发展方式

油气资源税的改革是为了提高资源税在资源价格中的比重，使油气开采企业承担相应的生态环境恢复和补偿成本，这就直接或间接地提高了油气开采企业的相关成本，降低了利润空间。由于油气产品定价机制，企业很难通过税负转嫁的方式将这部分增加的成本全部转移出去，这就要求油气企业改进生产技术，提高生产效率，将这部分税负进行内部消化，抵制和淘汰浪费资源、高能耗、高污染的生产方式，从政策导向上促使企业转变发展方式，增强全社会的生态保护意识。

3.2.4　石油特别收益金调整

3.2.4.1　开征石油特别收益金的背景

石油特别收益金是随着石油价格体制改革的逐步深入而推出的。过去中国原油和成品油价格从出厂到零售均实行政府定价。1998 年国家出台了《原油成品油价格改革方案》，对原油、成品油价格形成机制进行了重大改革，改变了单一政府定价的模式，国内原油价格基本上与国际接轨。而汽油、柴油则实行政府反映式与预期式引导的定价机制，在汽油、柴油零售价浮动幅度超过 5% 时实行政府指导价。为了改变油价接轨后变动滞后一两个月而导致石油价格变动滞后于国际市场价格的状况，2000 年中国通过连续多次调整油价，开始与国际市场油价基本同步，同年 7 月实现了成品油价格与国际市场接轨。2001 年 10 月，国家对石油价格接轨办法又做了进一步改进和完善，将国内汽油、柴油价格与新加坡市场单一挂钩改为与新加坡、鹿特丹和纽约三地市场价格挂钩。同时，为避免油价变动过于频繁，相应调整国内成品油价格，并将实行政府指导价的汽油、柴油零售价浮动范围调整为 8% 的区间。在国际原油价格快速飙升的情况下，为了减轻油价过快上涨对社会弱势群体和公益性行业的影响，2004 年、2005 年国家放缓了成品油价格调整的力度和节奏。2006 年 3 月 26 日至 2007 年 11 月 1 日的相当长时间内，国内成品油价格没有再随国际市场油价上涨而相应提高，这也因此导致了石油行业下游的炼化企业持续亏损，生产难以为继，国内成品油价格与原油价格出现严重倒挂，进口原油价格已经上升到每桶 60 美元左右，国内加工后销售价格却只相当于原油每桶 43 美元左右。

为了解决石油行业上下游的倒挂问题，使国内油价与国际市场接轨，一方面，国家发展改革委员会于2006年3月25日出台了《关于调整成品油价格的通知》，决定自3月26日起将汽油和柴油出厂价格每吨分别提高300元和200元，并同步出台对部分弱势群体和公益性行业的补贴措施。另一方面，于同日国家财政部推出的《石油特别收益金征收管理办法》，石油特别收益金是指国家对石油开采企业销售国产原油因价格超过一定水平所获得的超额收入按比例征收的收益金。它的征收为国家补贴弱势群体和公益性行业提供了必要的财政来源。通过对弱势群体和公益性行业的补贴来缓解成品油价上涨所可能带来的不良反应，通过从产生高额利润的石油上游征收特别收益金来解决稳定的补贴来源和机制问题，这样就水到渠成地在石油产业链、下游消费者以及政府决策部门之间建立起一道“经济杠杆”，有机地实现了石油产业链、下游消费者以及政府决策部门之间利益的新的平衡[83]。

3.2.4.2　石油特别收益金的主要内容

根据财政部发布的《石油特别收益金征收管理办法》，凡在中国陆地领域和所辖海域独立开采销售原油的企业，以及在上述领域以合资、合作方式开采并销售原油的企业，都应缴纳石油特别收益金。石油特别收益金实行5级超额累进从价定率计征，征收比率按石油开采企业销售原油的月平均价格确定，按季缴纳。石油特别收益金属中央财政非税收入，纳入中央财政预算管理。自2006年3月26日起国家对石油开采企业销售国产原油因价格超过一定水平（40美元/桶）所获得的超额收入按比例征收石油特别收益金。石油特别收益金征收比率按石油开采业销售原油的月加权平均价格确定，为便于参照国际市场油价水平，原油价格按美元/桶计价，起征点为40美元一桶，具体征收比率及速算扣除数见表3－4。

表3－4　　　石油特别收益金征收比率及速算扣除数表

原油价格（美元/桶）	征收比率（%）	速算扣除数（美元/桶）
40～45（含）	20	0
45～50（含）	25	0.25
50～55（含）	30	0.75
55～60（含）	35	1.5
60以上	40	2.5

资料来源：《石油特别收益金征收管理办法》。

2011年11月1日石油特别收益金起征点提高到55美元/桶，实行5级超额累进从价定率计征，按照月份计算，以季度为单位缴纳。

2014年12月25日财政部发布《关于调整石油特别收益金征收方式的通知》，进一步完善石油特别收益金征收管理办法，适当调整石油特别收益金征收方式，决定从申报缴纳2012年石油特别收益金开始，将征收方式由原"按月计算、按季缴纳"调整为"按月计算、按季申报，按月缴纳"。

2014年12月25日经国务院批准，财政部发布《关于提高石油特别收益金起征点的通知》，决定从2015年1月1日起，将石油特别收益金起征点提高至65美元/桶。起征点提高后，石油特别收益金征收仍实行5级超额累进从价计征。

特别收益金具有两大特征：一是设定起征点，按照销售额计税，采用超额累进税率，便于就超额收入征税；二是属于中央财政非税收入，纳入中央财政预算管理，便于对部分弱势群体和公益性行业的补贴。值得注意的是，尽管特别收益金被界定为"非税收入"，但其取得的效果却与税收相同，包括调节经济、弥补市场缺陷和为公共产品供给筹措经费等功能。

3.2.4.3　开征特别收益金的意义

通过征收特别收益金，有利于国家调整成品油价格，促进国内油价与国际接轨，极大地促进能源价格体制、税收体制、收入分配和社会保障体制等经济体制改革。其意义主要表现在三个方面：

（1）推动油气税制改革

近几年来，各类矿产品价格大幅度上涨，资源类企业利润急剧增长，而政府的税收收入并没有相应增长，这是由资源税的计税方式决定的。众所周知，资源税不是按照销售额计税，而是按照产量计税，税额与销售数量挂钩，与价格无关。石油特别收益金的开征是对以往资源税计征办法的矫正，代表未来资源税改革的方向。

（2）促进油气资源价格趋向市场化

能源价格改革的最终目标是全面市场化，由供需关系决定能源产品价格，充分发挥价格的宏观调控作用，维护经济社会稳定。能源价格的改革必然涉及所有者、开采者、使用和消费者多方面的利益，如何平衡各方面利益确保资源价格改革的稳定、有序进行，是中国能源价格体制改革必须要考虑的问题。当前，中国的油气资源市场单一依靠价格"接轨"或"涨价"，缺乏有效竞争与管制，而石油特别收益金的推出以及随之产生的公共补贴政策在一定程度上缓和了各方面利益关系，为能源价格体制改革奠定了基础，是能源价格体制改革的必要配套机制，也必将加快能源价格体制改革积极稳妥地进行[83]。

（3）推进了中国社会保障体制机制改革

发展改革委员会在《关于调整成品油价格的通知》中指出要“建立对部分弱势群体和公益性行业的补贴制度”。从各石油公司公布的年报来看，2020年三大石油公司上缴石油特别收益金484亿元，其中中石油300亿元，占比62%，中石化和中海油共184亿元，占比38%。石油特别收益金为国家妥善解决成品油调价对农业、渔业、林业以及城市公交、农村道路客运、出租车等行业的影响以及对部分弱势群体和公益性行业进行补贴提供了坚实的资金来源。如此庞大的资金征收有力促进了收入分配和社会保障机制的改革，尤其是极大地促进国家收入分配和社会保障体制机制改革，有利于构建和谐社会[83]。

3.2.4.4 开征特别收益金对油气企业影响

开征特别收益金使国内三大石油公司获利的空间变小，税负增加。征收特别收益金对三大石油公司的净利润影响并不相同，其税负也有较大差别。以开始征收的2006—2007年为例：三大石油公司净利润共计4571.54亿元，缴纳特别收益金共计1042.14亿元，占净利润比为22.8%。

征收特别收益金影响最大的是中石油。2006—2007年中石油净利润共计2878.3亿元，缴纳特别收益金共计734.94亿元，占特别收益金70.52%，占净利润比为25.5%，超过平均百分比2.7。

征收特别收益金对中石化和中海油的影响并不大。中石化上游产量约3900万吨左右，而下游原油加工量超过1.4亿吨，但国家对成品油实行价格管制，价格未能完全与国际市场挂钩，定价明显偏低，制约了中石化的盈利能力，2006—2007年中石化净利润共计1071.97亿元，缴纳特别收益金共计199亿元，占特别收益金19.1%，占净利润比高达18.56%，低于平均百分比4.24；中海油几乎完全依靠上游业务，下游业务还只是处在开拓阶段，2006—2007年中海油净利润共计621.6亿元，缴纳特别收益金共计108.2亿元，占特别收益金10.38%，占净利润比为17.4%，低于平均百分比5.4。

总之，征收特别收益金对中石油的净利润影响比较明显，对中石化和中海油的净利润影响并不大。

3.2.5 内外资企业所得税调整

3.2.5.1 统一内外资企业所得税的背景

为不同类型企业创造一个公平竞争的税收环境，促进经济结构优化和产业升级，促进区域经济协调发展，进一步提高外资利用质量和水平，按照科学发展观和完善市场经济体制的总体要求，遵循“简税制、宽税基、低税率、严征管”的原则，2007年3月16日全国人大十届五次会议通过修订的《中华人民共和国企业所得税法》以下简称《企业所得税法》，于2008年1月1日起开始实施。新的《企业所得税法》在税率、税前扣除和税收优惠等方面发生了较大的变化，其变化对油气企业产生一定影响。

3.2.5.2 油气企业所得税调整内容

（1）统一税率

企业所得税法规定内资、外资企业统一适用25%的所得税率。这是中国对企业所得税法的重大调整，油气企业也适用这一税率。《企业所得税法》有一些优惠规定，西部部分地区油气公司执行15%的优惠税率；西气东输管道分公司适用“两免三减半”的所得税优惠政策，减半即执行7.5%的税率；其他国内地区公司执行25%的税率。新《企业所得税法》的实施，进一步减轻了西部油气公司的所得税负担，降低了公司的所得税费用，增强了公司的自主发展能力，促进了公司可持续发展，维护了国家的石油稳定供应和战略保障，具有积极而深远的影响。经批准享受西部地区优惠政策的成员企业，由中石油、中石化按照《国家税务总局关于落实西部大开发有关税收政策具体实施意见的通知》的有关规定，单独合并申报缴纳企业所得税。

（2）合并缴纳企业所得税

企业所得税实行法人汇总缴纳税款办法，《企业所得税法》第五十条第二款规定：“居民企业在中国境内设立不具有法人资格的营业机构的，应当汇总计算并缴纳企业所得税”。法人汇总缴纳税款办法是国际通行的做法，也是实现所得税调节功能的必然选择。中石油、中石化以公司本部和各全资子公司、分公司为合并纳税的成员企业。中石油、中石化及所属全资子公司、分公司按照“统一计算、分级管理、比例预缴、集中清算”的原则，实行合并缴纳企业所得税。中石油、中石化所属各成员企业，根据《企业所得税法》有关规定，计算每一纳税年度应缴纳的企业所得税，并按《国家税务总局关于中国石油化工股份有限公司缴纳企业所得税有关问题的通知》《国家税务总局关于中国石油天然气股份有限公司合并缴纳企业所得税有关问题的通知》及其《补充通知》的规定，按比例在当地预缴。中石油、中石化合并纳税的成员企业，在企业改组、改造或资产重组过程中，因股权发生变化而变成非全资控股的企业，经当地国税局确认后，从股权发生变化的年度起，就地缴纳企业所得税。

（3）统一税前扣除项目

根据《国务院关于大力推进职业教育改革与发展的决定》中“从业人员技术素质要求高、培训任务重、经济效益较好的企业可按2.5%提取，列入成本开支”的规定，考虑到石油天然气和石油化工行业要求从业人员素质较高，需要不断加强职工教育培训等实际情况，同意中国石油天然气股份有限公司和中国石油化工股份有限公司提取的职工教育经费，从2005年度起，按照计税工资总额2.5%的标准在企业所得税前扣除。2018年起，根据《财政部税务总局关于企业职工教育经费税前扣除政策的通知》，企业发生的职工教育经费支出，不超过工资薪金总额的8%，油气企业仍旧按照2.5%扣除。

3.2.5.3 统一内外资企业所得税的影响

统一内外资企业所得税（以下简称“新《企业所得税法》”）对油气企业产生一定影响，主要表现为：

（1）内外资油气企业税负一致

长期以来，内资油气企业执行33%的企业所得税税率，其税率较高，新《企业所得税法》实施后，将纳税人分为居民企业和非居民企业，不再按照内外资分类，除部分企业符合规定的所得执行优惠税率外，其他企业统一执行25%的所得税税率，内资油气企业所得税税率降低8%，企业整体税负降低，意味着与长期执行较低企业所得税税率的外资油气企业相比，内资油气企业所得税税负有所减轻；而外资油气企业所得税税负将相对增加，结束了长期以来内外资油气企业所得税执行不同税率的局面，公平参与市场竞争。

（2）税收优惠政策鼓励油气企业从事符合规定的产业和项目

新《企业所得税法》规定，国家对重点扶持和鼓励发展的产业和项目，给予企业所得税优惠；企业综合利用资源，生产符合国家产业政策规定的产品所取得的收入，可以在计算应纳税所得额时减计收入；企业购置用于环境保护、节能节水、安全生产等专用设备的投资额，可以按一定比例实行税额抵免。新《企业所得税法》规定，国家重点扶持的公共基础设施项目的投资经营所得，自项目取得第一笔生产经营收入所属纳税年度起，给予“三免三减半”的优惠；企业从事符合条件的环境保护、节能节水项目的所得，自项目取得第一笔生产经营收入所属纳税年度起，给予“三免三减半”的优惠。因此，油气企业如果从事国家重点扶持和鼓励发展的产业和项目，可享受减计收入、税额抵免和“三免三减半”的优惠政策，使这些产业和项目投产后，在一定时期内，处于零税负或低税负状态，促进油气企业又好又快发展，对保障能源安全大有益处。

（3）实行法人汇总缴纳税款办法有利于减轻油气企业税收负担

油气企业作为典型的分散经营的企业，实行法人汇总缴纳税款办法有利于减轻税收负担，更好地发挥企业所得税“目标稳定器”的调节作用。

3.2.6　水土保持补偿费调整

3.2.6.1　统一水土保持补偿费的背景

为预防和治理水土流失，保护和合理利用水土资源，减轻水、旱、风沙灾害，改善生态环境，1991 年国家颁布了《水土保持法》，规定了水土流失预防、治理、监督管理等基本制度。此后，绝大多数省级人大常委会陆续出台了本行政区域《水土保持法》的实施办法。1993 年国务院公布了《水土保持法实施条例》，条例第十九条规定：“企业事业单位在建设和生产过程中造成水土流失的，应当负责治理。因技术等原因无力自行治理的，可以缴纳防治费，由水行政主管部门组织治理，防治费的收取标准和使用管理办法由省级以上人民政府财政部门、主管物价的部门会同水行政主管部门制定”；第二十一条规定：“企业事业单位在建设和生产过程中损坏水土保持设施的，应当给予补偿。”由此，确立了水土流失防治费和水土保持设施补偿费制度。

按照上述规定，绝大多数地方政府在 20 世纪 90 年代中后期陆续制定了本省（区、市）的水土流失防治费和水土保持设施补偿费征收和使用管理办法。从 2001 年开始，财政部、原国家计委将水土保持规费纳入“全国性及中央部门和单位行政事业性收费项目目录”。各地水土保持规费大多包括两项：防治费和补偿费。补偿费主要又分为生物措施补偿费和工程措施补偿费。生物措施补偿费，是指依据自然资源开发、生产建设占地面积及对水土保持设施的损坏面积，一次性缴纳的补偿费。工程措施补偿费，是指对损毁的固定观测设施、塘坝、谷坊坝、护坡、梯田等水土保持工程设施收取的补偿费，计费方法主要是按恢复同等标准的工程造价征收。地方的规定中，对煤炭、石油等矿产资源开采企业做出专门规定的为陕西省，2008 年陕西省政府出台办法，自 2009 年 1 月起对在陕西从事煤炭、石油、天然气资源开采的企业征收水土流失补偿费，标准为原煤陕北每吨 5 元、关中每吨 3 元、陕南每吨 1 元，原油每吨 30 元，天然气每立方米 0.008 元。

这一阶段初步形成了以“水土流失防治费”和“水土保持设施补偿费”（有的地方称“水土流失补偿费”）为主要类型的水土保持规费制度体系，各地相继出台的地方性法规和规章，细化了《水土保持法实施条例》的相关内容，对水土保持规费的征收主体、缴纳义务主体、计费方式、费目费率、征收管理等做出明确规定，标志着水土保持规费制度基本建立。

这一时期，水土保持规费的征收管理，由于缺乏国家统一规范，处于各地各自为政状态，差异很大，比较混乱，存在的问题主要表现为：

一是征费名称不统一。补偿费类的，有水土保持设施补偿费、水土流失补偿费、水土流失危害补偿费、水土保持补偿费等不同称谓，对该项收费的意义和计费依据等存在不同理解。中石油所属各油气企业由于所处省份不同，缴纳不同称谓的水土保持规费。

二是个别省份收费标准畸高。2008 年陕西省出台原油每吨 30 元、天然气每千立方米 8 元的水土流失补偿费征收办法，据此长庆油田 2009—2010 年即应缴纳水土流失补偿费 9.5 亿元，大大加重了企业负担。通过调研了解到，其他一些省份也欲参照陕西省的做法对石油、天然气征收很高的水土保持规费，如此一来，中石油将不堪重负。

三是征收标准缺乏全国统一规范。水土保持补偿费费率缺乏统一制度安排，没有统一国家标准，地方各自为政，处于分散管理状态，可比性、适用性和操作性不强，管理条块分割，补偿政策具有明显的地方色彩。根据 2010 年出台的《水土保持法》三十二条规定：“水土保持补偿费的收取使用管理办法由国务院财政部门、国务院价格主管部门会同国务院水行政主管部门制定”。地方出台水土保持设施补偿征收办法，已经与新法相悖。中石油所属各油气企业由于所处省份不同，缴纳不同标准的水土保持规费，费率标准缺乏可比性和科学性。

四是征收立法权下放地方不符合税费立法原则。为维护全国统一市场，对于在全国范围内普遍开征的税费，其立法权应划归中央。水土保持补偿费属于在全国范围内开征的具有普遍意义的费种，征费的基本原则和制度应当依法由国家统一制定。一直以来将水土保持补偿费立法权下放给地方，加大了地方多收费、不合理收费的冲动。由于各地征收范围和标准等方面存在巨大差异，造成一些地方和企业之间在具体实施中发生较大争议和分歧。

有鉴于此，为了有效预防和治理水土流失，保护和合理利用水土资源，减轻水、旱、风沙灾害，改善生态环境，保障经济社会可持续发展，统一征收水土保持补偿费势在必行。

3.2.6.2　水土保持补偿费的主要内容

2011 年 3 月修订实施的《水土保持法》，要求制定包括油气资源开采在内全国统一的水土保持补偿制度。2014 年 5 月出台《水土保持补偿费征收使用管理办法》，废止了各省区关于水土流失补偿的多种称谓和补偿规定，形成全国范围统一适用的水土保持补偿费制度，水土保持补偿制度相关概念和内容得到统一明确。考虑到油气资源开发方式对水土环境影响的特点，统一后的水土保持补偿费对石油、天然气采取不同于其他矿产资源的特别征收标准，标志着油气资源开发水土保持补偿制度初现雏形。

水土保持补偿费的主要内容为：

征收对象，即水土保持补偿中承担资金给付义务的补偿主体。在山区、丘陵区、风沙区以及水土保持规划确定的容易发生水土流失的其他区域开办生产建设项目或者从事其他生产建设活动，损坏水土保持设施、地貌植被，不能恢复原有水土保持生态服务功能的单位和个人，应当缴纳水土保持补偿费。这里所指的“生产建设项目”包括开采石油、天然气等矿产资源的活动。

征收部门，即水土保持补偿中承担补偿费的收缴和实施工作的实施主体。水土保持补偿费的征收主要由各地方水利部门负责，其中，水土保持方案由水利部审批的，水土保持补偿费由省水行政主管部门征收；水土保持方案由省水利厅审批的，水土保持补偿费由市水行政主管部门征收；从事其他生产建设活动的单位和个人应当缴纳的水土保持补偿费，由生产建设活动所在地县级水行政主管部门负责征收。

征收条件和范围，即水土保持补偿中是否要求补偿的依据。根据《水土保持法》的立法精神，生产建设活动中损坏水土保持设施和地貌植被，致使其水土保持生态服务功能丧失或者降低，且不能恢复原有水土保持生态服务功能的，都应缴纳水土保持补偿费。油气企业进行油气开采过程要注意水土环境的防护，造成的水土流失应当进行自行治理。同时，因勘探建设和生产运营破坏的水土保持设施、地形、地貌、植被等，损害资源产区水土保持生态服务功能无法恢复的，应依据影响程度缴纳水土保持补偿费。

征收标准，是水土保持补偿费的计费依据。2014 年 5 月发改委出台《关于水土保持补偿费收费标准（试行）的通知》，成为全国范围水土保持补偿费的收费依据[84]。

试行标准对矿产资源开发项目建设期统一按征占用土地面积一次性计征，东部地区每平方米不超过 2 元，中部地区每平方米不超过 2.2 元，西部地区每平方米不超过 2.5 元。开采期间则油气资源和其他矿产资源分开计征，分别依据油、气生产井（不包括水井、勘探井）占地面积和采量（采掘、采剥总量）按年计征。石油、天然气根据油、气生产井（不包括水井、勘探井）占地面积按年征收，每口油、气生产井占地面积按不超过 2000 平方米计算；对丛式井每增加一口井，增加计征面积按不超过 400 平方米计算，每平方米每年收费不超过 2 元。征收的水土保持补偿费按照 1∶9 的比例分别上缴中央和地方国库，实行专款专用，年终结余结转下年使用，以维护水土保持功能，减少水土流失。

2017 年在减税降费的大背景下，水土保持补偿费征收费标准有所下调。2017 年 6 月，国家发展改革委、财政部印发《关于降低电信网码号资源占用费等部分行政事业性收费标准的通知》，其中就包括降低油气水土保持补偿费收费标准，每平方米每年收费由不超过 2 元降为不超过 1.4 元。

为了与国家政策衔接，各省纷纷出台《××省水土保持补偿费征收使用管理办法》，制定各省水土保持补偿费收费标准。各地在核定具体征收标准时，充分评估损害程度，在核定收费标准时按照从低原则制定。各地区结合当地实际情况对标准进行调整，部分省份现行计费标准如下：大庆油田所在的黑龙江省，建设期间按照征占用土地面积每平方米 1.2 元一次性计征；开采期间根据油、气生产井（不包括水井、勘探井）占地面积按每平方米每年按 0.8 元征收。胜利油田所在的山东省，建设期间按照征占用土地面积每平方米 1.2 元一次性计征；开采期间根据油、气生产井（不包括水井、勘探井）占地面积按每平方米每年按 1.2 元征收。西南油气田所在的四川省，建设期间按照征占用土地面积每平方米 1.3 元一次性计征；开采期间根据油、气生产井（不包括水井、勘探井）占地面积按每平方米每年按 1.2 元征收。华北油田所在的河北省，建设期间按照征占用土地面积每平方米 1.4 元一次性计征；开采期间根据油、气生产井（不包括水井、勘探井）占地面积按每平方米每年按 1.4 元征收[85]。

2020 年 12 月，国家税务总局根据财政部发布《关于水土保持补偿费等四项非税收入划转税务部门征收的通知》，发布了《关于水土保持补偿费等政府非税收入项目征管职责划转有关事项的公告》，自 2021 年 1 月 1 日起，水土保持补偿费等非税收入项目划转至税务部门征收。征收范围、征收对象、征收标准等政策仍按现行规定执行。由缴费人向税务部门自行申报缴纳。按次缴纳的，应于项目开工前或建设活动开始前缴纳水土保持补偿费。按期缴纳的，在期满之日起 15 日内申报缴纳水土保持补偿费。规范了政府非税收入征管职责，有利于明确职责分工、规范征收管理、提高征管效率、降低征管成本、优化缴费服务。

3.2.6.3 油气资源开发水土保持补偿费的特点

油气资源开发水土保持补偿制度是对油气资源开发行为的规范和约束，是体现生态公平原则，协调各利益相关者关系的具体措施和保障规定。因此，制度的制定带有根本性、全局性和强制性的特点。

（1）根本性

一项制度的建立和实施，必须具有广泛的认知性，体现事物的根源，以主要矛盾为突破口解决问题。油气资源开发所引发的水土流失等环境问题必须正视，经济建设和生态环境保护的矛盾始终存在。该矛盾并非不可调和，但仅靠行政手段和道德层面的约束很难从根本上有效解决问题。政府层面设计水土保持补偿制度，规范和约束资源开发行为，尽可能将影响消除至最低，是人类社会可持续发展内在的根本要求。

（2）全局性

制度的产生要从事物发展的整体和全过程确定建设内容，使其成为一个单位或一个地区整体工作正常开展的有力措施。随着 2014 年《水土保持补偿费征收使用管理办法》的出台，水土保持补偿费制度基本形成。正是考虑全局性的影响和作用，针对油气资源开发实行不同于其他矿产资源的水土保持补偿费规定。油气资源开发水土保持补偿制度在具体实施过程中，更要从全局视角公平解决各利益主体之间的矛盾，使问题在主体层面、基础层面和主要层面均得以有效解决。

（3）强制性

强制性要求必须依法为或不为一定行为。油气资源开发水土保持补偿制度不同于一般组织的规章制度，可以自由选择做不做或者怎么做。建立油气资源开发水土保持补偿制度，通过向油气开采者收费及向保护者和受害者补偿的方式，调整各方的生态和经济利益分配关系，从而在适度开发油气资源的同时兼顾与生态系统的协调发展。这项制度的实施具有强制性，油气资源开发企业无法逃避，在获得油气资源开发权益的同时必须承担水土保持补偿责任。

3.2.7 燃油税调整

3.2.7.1 燃油税的提出

早在1994年，有关部门就提出“燃油税”这一概念。当时，中国的税收体系还不够完善，加之受到亚洲金融危机的影响，整个社会经济处于低迷状态，国家需要筹集大量财政资金来拉动整个宏观经济。为此，有关部门就讨论了国家财政状况，以及增加财政收入及税收收入的途径，进而解决关键的宏观经济问题。当时业界认为，中国非税收费性项目冗余繁杂，无法统一征收及监管，因此考虑清费立税，把一些非税性收费变为政府性税收，纳入国家财政预算统一管理。在此背景下，国家在1997年首先颁布的《公路法》第三十六条中提出以“燃油附加费”替代“养路费”，1998年，朱镕基总理上任后，提出“费改税”，《公路法修正案草案》将“燃油附加费”改为“燃油税”。同年，国务院提出：在全国范围内将向车辆征收的交通规费全部改为征收燃油税，作为“费改税”的一个突破口，燃油税被郑重提出[66]。

3.2.7.2 燃油税发展历程

（1）规划设计阶段（1998—2000年）

自1998年后，国家有关部门就对燃油税征收方案进行规划和设计，但在设计过程中却发现了很多问题。如果要把由交通部门征收的包括养路费在内的几个收费项目全部改征燃油税，纳税主体、征收主体和征收环节都将发生重大改变。

（2）研究实践阶段（2001—2007年）

经过几年的研究和实践发现，开征燃油税这个问题本身的复杂性远远超过原来的预期。一方面，国家财政状况逐渐好转，开征燃油税不再急迫；另一方面，当时国家提出的科学发展观赋予了开征燃油税新的内涵，即通过燃油税改革达到节能降耗的目的以保护环境。加之中国当时的油品价税模式是一种低价低税模式，与国家当时提出的科学发展观和经济方式转变的战略方针不适合。燃油税虽然是个税种，但是它牵扯到多个方面的非常复杂的问题，包括：受国际油价不稳的制约、中央地方利益分配、权力移交分割、油气企业成本负担、缴纳环节选择、非公路运输车辆用油处理、交通征管人员安置、物价稳定、社会公平安定等问题，这些问题使得燃油税持续几年一直处于“择机出台”的状态。

（3）并入消费税阶段（2008 年至今）

受全球金融危机影响，2008 年国际市场油价经历了大起大落，7 月 11 日国际油价冲至 147 美元的历史最高位之后迅速回落，7 月底跌至 124 美元，8 月底跌至 115 美元，9 月底 96 美元，10 月底到了 64 美元，11 月底仅剩 54 美元，到 12 月下旬跌至每桶 36 美元，跌幅高达 75%。油价大幅起落为国内成品油税费改革提供了有利时机。2008 年 12 月 18 日，国务院印发了《关于实施成品油价格和税费改革的通知》，决定自 2009 年 1 月 1 日起实施成品油税费改革。改革内容为：取消原在成品油价外征收的公路养路费、航道养护费、公路运输管理费、公路客货运附加费、水路运输管理费、水运客货运附加费 6 项收费；同时，将价内征收的汽油消费税单位税额每升提高 0. 8 元，即由每升 0. 2 元提高到 1 元；柴油消费税单位税额每升提高 0. 7 元，即由每升 0. 1 元提高到 0. 8 元（其他成品油消费税单位税额相应提高）。由于消费税在价内征收，征收时不再提高成品油价格。

鉴于受国际油价不稳的制约、中央地方利益分配、权力移交分割等问题，国家并没有单独开征燃油税，而是通过成品油税费改革，以税收方式取代养路费等收费项目，将计划开征的“燃油税”并入消费税中，通过提高成品油消费税，以消费税名目在汽油和柴油的生产、委托加工和进口环节征收，达到“费改税”的目的，进一步促进了国家宏观调控。

3. 2. 7. 3　燃油税并入消费税的现实意义

尽管开征燃油税在推进成品油价格与税费改革、规范政府收费行为、促进节能减排和结构调整等方面，具有较多积极影响，但如前两小节所述，开征燃油税本身带来的负面影响更大。将燃油税的内容并入消费税中进行征收，具有以下现实意义：

（1）促进形成和谐友好的社会环境

随着社会进步和时代的发展，燃油税改革不再仅仅是单纯的一项改革，它还承载了节能减排、构建资源节约型社会等职能。作为调节产品结构和引导消费方向的手段，消费税可以作为国家宏观调控手段之一，可以有目的、有重点地对一些消费品进行征税，以适当限制某些特殊消费品的消费需求。消费税的调整没有增加新税种和相关法律法规，没增加相应的税收成本，回归了简化税制公平税负的作用，因此国家没有单独开征燃油税。

（2）降低征收成本

与在零售环节征税相比，选择在生产环节征税更能简化征税环节，更能保证足额征税。目前中国生产的成品油大部分是来自中国石油天然气集团公司和中国石油化工股份有限公司，征税对象和征收来源比较集中，征收环节简单，能够降低征纳成本。而零售环节征税程序复杂，成本不易降低，同时存在其他负面影响。此外，成品油消费税是由养路费转化而来，由地方税转变为中央税，再由中央分配到地方，中央税更能规范政府行为，加强监管，保证成品油消费税收入专款专用。

（3）鼓励节能减排

燃油税改革方案中的从量征收与成品油消费税从量征收不谋而合，为促进形成税收额度不受油品价格变动影响的征税机制，将燃油税并入消费税中统一从量征收操作简便，鼓励节能减排，还避免了油价上下浮动导致纳税金额大幅变动。同时，考虑到将成品油价格与国际油价间接联动，从量征收的税额则会变为比例税率，即浮动税率，则油价与实际税率成反比[86]。

本章小结

中国油气税费的产生、发展是一个曲折的过程，大体经历了萌芽、停滞、发展、改革、调整、完善六个阶段，税收已成为国家调控油气资源开发、加工和消费的重要经济手段。1994 年新税制实施以来，国家为适应市场经济发展和油气资源开发、加工和销售的需要，对与油气资源相关的增值税、营业税、消费税、企业所得税、资源税等适时进行补充和调整，并相继开征了石油特别收益金、水土保持补偿费等，对油气企业、消费者在内的纳税主体产生较大影响，表明国家调整税费制度对油气行业特点有所考虑，其改革方向和积极意义值得肯定，但仍存在诸多问题有待完善。

第4章

中国油气税费制度问题分析

中国油气税费制度经过数次调整，进步较大。但随着油气资源禀赋、开发程度、供需状况等因素变化，以及国家财税体制不断改革和生态文明建设需要，油气税费在体系设计、立法理念、具体税费制度等方面均存在一些问题，有待深入系统研究。

4.1 油气税费体系设计存在问题

4.1.1 利益分配制度有待完善

中国现行油气税费制度体系是建立在一系列均衡利益主体之上的税费制度体系，在油气资源开发和利用的过程中存在多个利益主体，主要包括油气企业、中央政府和地方政府。但由于中国政权划分和管理体制等特点，导致油气企业、中央政府和地方政府间利益关系复杂，税费制度未能发挥平衡好事权和财权的关系，加剧了三者间的利益冲突，主要表现为：

(1) 油气企业与中央政府、地方政府税费收入分配存在一定的利益冲突

油气资源开采的大部分收益流向企业，剩余收益中有一部分流向中央政府，一部分划归地方税收收入。油气企业的经营目标是追求利益最大化，就税费而言，它们认为国家税费制度复杂、税费负担较重。即使国家制定的税费制度比较规范，企业可能仍然存在隐藏的违规行为，在一定程度上损害国家利益。由于企业上缴的税费收入较低，不足以承担治理和修复生态环境的经费，与政府治理环境经费相比，存在严重的收支不平衡，不利于油气富集区的可持

续发展。同时，随着日益枯竭的油气资源消耗，油气税费收入在相对减少，但需在生态环境治理上的投入并未降低，税费体系分配的不平衡加剧了企业和政府间的利益冲突。

（2）中央政府与地方政府之间的税费收入分配不够合理

中央政府和地方政府属于行政范畴的上下级关系，中央政府是油气资源的直接管理者和所有者，地方政府要服从中央政府的管理。但地方政府对于收到的税费收入，不仅要考虑中央利益，还要进行环境保护和治理，承担修复治理生态环境的责任，保障地方利益[87]。中央政府和地方政府之间的利益分配存在矛盾，主要体现在以下两个方面：一是油气资源在开发过程中，中央政府作为资源的所有者取得一部分税费收入，扣除相应的增值税和企业所得税后，分配给地方政府的税收最少，油气税费收入在中央与地方政府之间的分配严重不均；二是理论上部分税收是中央地方共享税或全部归地方政府（见表 4 - 1），但对地方财政收入的贡献仍然较低，该分配制度未找到中央政府和地方政府间的平衡点，从征收环节到使用过程中未能发挥税收生态补偿和保护环境的作用[88]。

表 4 - 1　　油气资源税费中央地方分成比例

分类	税费种类	细分	中央	地方
通用税费	增值税	海关代征增值税	100%	
		非海关代征增值税	50%	50%
	消费税（含燃油税）		100%	
	企业所得税	中央企业、地方银行和外资银行及非银行金融企业，铁道部门、各银行总行、各保险总公司等缴纳的部分	100%	
		其他企业缴纳的部分	60%	40%
	耕地占用税			100%
	契税			100%
	车辆购置税		100%	
	印花税	证券交易印花税	100%	
		其他印花税		100%
	城镇土地使用税			100%

续表

分类	税费种类	细分	中央	地方
通用税费	城建税、教育费附加、地方教育附加	国家税务部门征收，中国铁路总公司、各银行总行、各保险总公司集中缴纳的部分	100%	
		其他企业缴纳的部分		100%
	房产税			100%
	车船税			100%
	关税		100%	
	土地增值税			100%
特殊税费	资源税	海洋石油企业缴纳	100%	
		非海洋石油企业缴纳		100%
	环境保护税			100%
	水土保持补偿费		100%	
	矿业权使用费		100%	
	矿业权出让收益		100%	
	矿山地质环境治理恢复基金	企业依规计提		
	水资源税			100%
	征地补偿费			
专门税费	石油特别收益金		100%	

（3）油气行业与煤炭等其他能源行业存在利益冲突

能源行业间存在直接或间接的相互替代性，使得不同的能源间会有不同的正相关或负相关的效益关联，油气税费的调整势必会引起煤炭行业等具有相关性行业的利益调整，可能会引起能源行业之间相互攀比，引发对上下游产业、其他能源行业的不利影响。

4.1.2　未充分考虑油气资源可持续发展需要

资源与环境可持续发展是制约经济社会协调发展的关键因素，中国油气税费在促进油气资源与环境可持续发展方面存在诸多问题，主要表现为：

（1）部分税费制度不利于油气资源有效开发

中国的石油产量难以适应经济发展的需要，供需矛盾日益突出。近年来随着勘探开发程度的加深，石油后备储量明显不足。进入 20 世纪 80 年代以来，东部各主要油田相继进入高含水后期，老油井自然递减率逐年提升，外围边际油田、稠油和高凝油产量比重逐年增加。税费对油气开发的速度、程度和方向等均具有引导和促进作用，然而，现行税费有些规定不利于油气资源的有效开发，没有考虑不同区块的地质条件及地质状况、资源开采的难易程度等因素，不利于调动油气企业开采外围边际油田及稠油、高凝固油的积极性。值得注意的是，边际油田、稠油和高凝固油开发后一旦关闭，地下储存的剩余资源等于报废，如果再投入开采其代价是巨大的。所以从税费方面鼓励稠油、高凝固油和边际油田持续有效开采，不仅是油气企业增加油气产量和经济效益的需要，也是合理开发和充分利用油气资源、避免造成开采浪费的需要。

（2）对环境保护的税收优惠力度不够

在油气资源开采过程中，会不同程度地对环境造成破坏性影响，如内蒙古二连油田对草场的破坏和污染；新疆吐哈油田在开发初期为处理废气而长明不熄的“天灯”，对当地大气环境的污染，在一定时期一定程度上改变了当地的气候特征，给当地的特色经济带来了不良影响；各油田普遍采用的放射性同位素示踪测井，对地层水源造成一定污染；随着油气资源大面积开发，尤其是三次采油规模的不断扩大，含化学剂的污水对地下、地上环境造成污染；成品油消费对生态环境的污染也不容忽视。环境保护是经济社会可持续发展重要保障，世界各国实践经验表明，经济手段是保护环境最为有效的手段之一，而税费制度作为政府主要的经济手段，是控制污染、保护环境必不可少的有效措施。油气资源的开发、消费与环境保护紧密相连，良好的税费制度有利于促进环境保护。

（3）税费制度未能充分体现对油气资源节约利用功能

节约油气资源是生态环境保护的根本途径，油气资源属于不可再生的稀缺资源，且国内常规油气资源比较匮乏，非常规油气资源仍处于发展初级阶段。当前，中国石油对外依存度已经达到73%，随着对油气资源需求快速增长以及对有限资源过量开采，油气缺口将越来越大，未来会给中国经济和国家安全带来严重挑战。中国能源利用率为33%，低于国际先进水平约10个百分点，节约用油的潜力巨大。中国虽然号召节约能源已有几十年，并采取各种举措进行节能投资，但成效并不显著，其中一个重要的经济原因就是成品油税负并没有直观地让消费者感受和承担，未能按照劣等资源条件对油气产品定价，导致消费者对油气产品不珍惜、没有节约意识，无法培养全社会环保责任意识。因此，采取必要的税收措施合理引导油气资源消费意义重大。

4.1.3　税费征收机制不够合理

“统一税制、公平税负”是税收改革的一贯方针，尤其是内外资企业实现统一国民待遇是税制改革的重点所在，油气企业也不例外。在纳税人之间公平分配税收负担的法律原则，要求普遍征收、平等征税、量能课税。税收公平是维持税收制度正常运转不可缺少的条件，表现为获得相同经济利益的纳税人应当缴纳数额相同的税费，获得不同经济利益的纳税人缴纳数额不同的税费。然而，国家作为油气资源的所有者，在税费征收结构上存在不合理之处，主要表现为：

（1）税费叠加征收

中国的油气税费制度经历了近 30 年的发展，形成了较为完善的税费制度体系，自 2016 年中国全面实施清费立税后，逐步建立起了规范公平、调控合理、征管高效的税费制度。当前中国的油气税费体系由三部分构成，包括：通用税费、特殊税费和专门税费。税费之间相互联系，又相互补充，有利于增加财政收入，调节资源级差收入，促进企业合理开发和利用矿产资源。但部分税费仍存在叠加问题。比如：成品油增值税税基包含消费税，而城市维护建设税和教育费附加以消费税和增值税为税基计算征收，导致类似部分税种叠加，无形加大了税负。

（2）未全面考虑油气资源分布、油气质量等客观差异

在制定税收体系时，应结合油气资源空间分布不均、资源耗竭、级差特征显著等特点，综合考量开采中地理区位、资源禀赋、开采技术、油气质量、开采阶段以及生态环境等客观差异，确定差别税费率，发掘税费级差调节职能，推行资源耗竭补偿制度，实行所得税“围栏”制度[89]。根据油田的地理条件、开采条件、开采阶段等征收不同税率，油气资源从开采到枯竭会有不同的产出水平，不同油田区也会有不同效益，在当前的统一税负水平之下，不利于少油或劣质油气区的民间资本投资人的积极性，不利于当地政府的税收收益的提高。同时，不同油气矿地租金征收水平差异不大，为了寻求更大利益，弥补土地所有者或承包权人自身损失，可能会引起寻租行为，加剧油气开采企业间的不公平竞争，不利于当地油气区的可持续发展。

（3）油气税费的监管体制不够合理，存在薄弱环节

中国的油气资源生态税费体系中不同税费由不同部门进行征收和管理，但由于不同部门征管方式各不相同，缺乏跨部门跨区域的统一协调管理机构，造

成各种税费征收标准不统一的情况，从而产生重复征收、资金挪用等问题，导致税费体系级差管理功能未能达到相应的效果，增加了管理成本。油气资源含量存在差异的地区缺乏综合协调机制，更是激化了利益矛盾，从而使油气资源开发中的生态补偿制度很难得到落实[10]。

4.1.4 不利于油气资源发展战略实施

油气资源在未来很长一段时间内仍然是中国不可替代的战略能源。截止到2020年，中国石油和天然气对外依存度达到73%和43%，油气消耗量相比较世界其他国家来说增长较快，油气需求远大于供给，差距日益增大。国内油气增储上产难度加大，勘探目标日趋复杂，开发难度不断增加，国际油气市场不确定性和充分利用“两种资源、两种市场”保障中国油气供应的风险也在加大[90]。在当前油气战略发展的新格局中，非常规油气的勘探开发将成为以后相当长时间稳定油气资源的来源。油气税费体系作为中国油气资源发展战略的重要组成部分，发挥着不可替代的税收导向功能，就目前的税费体系而言，虽然相关油气税法的改革加大了对油气税费的优惠力度，但相比于非常规油气资源的开采成本、利润空间来说，还是远远不足的。

税费体系的设计在进行油气资源发展战略实施时存在以下问题：

（1）税收优惠力度不足

非常规油气资源的勘探开发成本高、产出低，现行税收政策虽然对非常规油气也实行了一定的税收优惠政策，但与非常规油气资源开采的技术难度、生产成本和利润空间相比仍显不足。高利润的同时也伴随着高成本，非常规油气对企业勘探技术的要求高，同时环境保护补偿和作业、人工等安全管理等成本也较高。尽管目前中石化、中石油已经获得稳定页岩油气产量，但新兴油气企业在页岩油气勘探开发方面的投入都还未收到回报，多种税费的存在，让企业对页岩油气发展的预期不好、信心不强[91]。

（2）油气税收体系未能在新的能源战略中充分发挥平衡作用

当前中国的油气勘探开发基本形成了“油气并举”“常非并进”“东西联动”和“陆海统筹”的战略新格局，即以陆上西部深层和海域深水等新领域为重点，加大油气风险勘探投入，加强关键技术攻关，但在现行税费体系下，未体现出税收优惠政策的力度倾斜，不利于促进规模效益，发挥税收体系的平衡作用[90]。

4.2　油气税费制度理念存在问题

4.2.1　油气生态补偿制度存在缺失

（1）油气资源开发生态补偿制度构成要素有待完善

一是补偿主体较为单一。“谁开发谁保护、谁破坏谁治理、谁受益谁补偿”的环境保护原则明确了生态补偿主体，但是现行的政策性文件仅适用于理论，实施时往往是以政府主导财政转移支付及专项基金为主，缺乏其他主体的参与度。二是补偿客体不明确。关于油气资源开发中生态补偿的客体，可以存在多种形式，首先是补偿客体即利害双方，其次可以根据行为实施中的权利与义务归属来明确补偿客体。除此之外，补偿客体也可以是生态环境，这三种区分方式均存在局限性，无法合理界定应采取哪种标准。三是补偿标准定位较模糊，其中包括针对油气资源的相关税费，生态效益难以量化、补偿标准过低无法扩大油气企业推动清洁能源等替代能源的投入，补偿费用无法弥补随之而来的高昂成本，造成利益上的经济损失，企业忽视生态环境建设也成为形势下的必然选择。四是补偿方式较为单一。补偿方式可以通过制定优惠政策、扩大资金投入、增加技术创新与改革、投入生态性建设项目等多方面，但是现行的补偿方式主要以中央政府的垂直财政拨款以及企业上缴的生态税费为渠道，地方政府财政压力大，很难从根本上解决高昂成本以及生态治理的复杂问题。

（2）油气资源生态专门税费缺位

中国现行的生态环境税制对油气开发过程中造成的环境污染问题通盘考虑，存在亟待解决的几项问题：一是油气企业负担的环境及生态恢复成本有限，尚未形成健全的保护环境的油气资源税费制度。二是为帮助油气城市寻找接替资源，国家投入了大量财力，仍无法满足资金的需要，油气企业没有建立资源耗竭补贴制度，加大了面临资源枯竭的油气城市寻找替代资源的压力和困难。三是目前除了水土保持补偿费、环境保护税外，还没有其他专门用于保护生态环境的税种，保护生态环境的税费大多零散分布于其他税种中，缺乏系统性。例如，对于油气开发企业而言，增值税所占的比重最大，但当前却不具有生态补偿功能，不能被界定为生态环境税费。消费税是为了调节消费，引导人们合理消费设立的，对提高油气产品价格，控制油气资源开采起到一定限制作用；资源税的设立是为了节约资源级差收入，促进资源合理利用设立，对油气资源的合理开发有一定指导意义。2018 年 1 月 1 日起，对排污企业停收排污费，改为征收环境保护税，虽然该税种属于环境保护专项税种，但在整个油气税费制度体系中所占比重较小，油气资源耗竭补贴等税费缺位已经成为生态环境税费突出问题。

（3）油气资源管理的监测监督环节薄弱

在生态补偿政策实施过程中缺乏统一的管理机制，容易出现执行不力、信息不对称、效能低下、监测达不到全覆盖等诸多问题。中国现阶段的生态环境保护工作是由分管部门负责，不同部门之间难以做到有序、高效地开展落实不同层级之间的调令。资金分散在各部门，缺乏资金集中管理，对于项目经济效益评估、涉事案件赔偿等造成了困难。同时，不同部门之间责任互相推诿，争夺项目资金，追求部门利益化，忽视了保护环境这一根本目标。除政府方面外，居民、企业无法共同参与生态建设，导致资金融通缓慢、信息传递不及时、监督工作浮于表面，阻碍生态补偿工作的环环相扣，很难达到互相监督、共同成长的和谐环境[92]。

4.2.2 油气专项税费优惠有待完善

（1）油气税收优惠政策缺乏生态性

生态环境的恢复与治理离不开税费制度的支持，油气资源开发应缴纳多项生态环境性质税费，油气企业享受的与生态环境保护相关的税收优惠政策零星分布于个别税种中，除资源税外，很少有针对油气行业的专项优惠政策，系统性则更难提及。油气资源开发具有高技术、高投入、高成本、高风险和高回报的行业特点，油气企业为恢复和治理生态环境投入了巨额资金，并且还承担了较高税费负担，因此，需要有系统性的税收优惠政策扶持，引导其在技术进步、新能源开发、节能环保领域有所创新。

（2）非常规油气资源税收优惠力度不够

中国非常规油气资源品质不高、开采难度大，其开发需要国家税收优惠政策的大力扶持。然而，目前对非常规油气资源开发尚未制定专门的税收优惠政策，与常规油气资源税收优惠政策几乎没有区别，增加了非常规油气资源产业的纳税负担。油气资源开发生态税费体系不仅要考虑生态环境的保护和恢复，还要考虑资源的充分利用和可持续发展，因此有必要针对非常规油气资源制定专项税收优惠政策。

(3) 缺少天然气专项优惠政策

天然气被称作是“无污染的清洁能源”，与石油、煤炭等传统能源相比，同等的热，燃烧天然气所产生的二氧化碳最低，排放的二氧化硫和氮氧化物相对较少，对环境造成的污染远小于石油和煤炭。2020 年天然气在中国一次能源消费结构中由 2016 年的 6.4% 提升到了 8.18%。然而，现行的天然气资源税费制度与石油资源税费制度几乎完全一致，不利于鼓励和促进天然气的开发。区别对待石油和天然气，给予天然气优惠的税费制度，有利于促进天然气产业的发展，扩大天然气在中国的推广使用，推动新能源替代不可再生资源的进程。

4.2.3　税费理念未能充分体现油气行业特点

油气企业是资本和技术密集型的大型或特大型企业，其生产经营涉及面广、政策性强，有自己独特的行业特色和企业的生命周期。油气税费具有与其他行业税费相同的属性，但同时也有其自身的特殊性，这是由油气行业发展的特殊性所决定的。因此，世界上许多产油国区别于普通税制都对石油税制做出了专门规定。石油行业属于资源采掘性行业，同其他行业相比有明显的不同之处。

我国现行税费设置对石油行业的特殊性考虑不够，主要表现为：

(1) 缺少针对油气行业高风险性的优惠政策

油气行业探索性强，勘探投资多、风险大。石油勘探是探索地下奥秘的过程，地下情况是比较复杂的，并且各地区差异也比较大，这就势必给石油勘探工作带来很大难度，需要以大量的资金投入获取对地下规律的认识，往往投入了一定量的勘探，却不一定能发现相应的储量，甚至出现巨额投入资金沉没而得不到任何经济回报的现象。此外，油气资产的弃置费用高，尤其是海上油气资产的弃置费用更高。由于弃置费用的金额与现值相比较而言存在较大出入，需要考虑货币的时间价值，在计入报表时，弃置费用实际形成的资产，在弃置支出实际发生前需计提折旧和相关的财务费用，这就会虚增企业生产成本，降低企业利润和实际净利润。

(2) 缺少适应油气行业开发周期性的优惠政策

油田开发具有周期性，每个油田生产都要经历上升、稳定和递减三个阶段。开采阶段不同，生产成本差异也很大，即使同一开采阶段成本也呈明显上升趋势。世界上各产油国均针对石油开发不同阶段采取不同的税收政策，分别确定与各发展阶段相适应的税率及其减免税等优惠政策。通常的做法是，在油田上升期实行低税政策，在稳定期适当增加税负，在递减期则实行低税率和减免税优惠政策。这样做的目的在于保证油气生产的相对稳定性，合理开发石油资源，保证油气企业正常的生产利润，调动企业生产积极性。但是，按照目前的油气税费体系，大部分税种从稳产期到递减期乃至在濒临枯竭时，承担的税负基本上没有太大差别，且油品、丰度等条件不同，开采效益差别巨大，现行油气税费制度中大部分税种统一适用同一税率，仅资源税针对油品、丰度等给予部分减免，其余税种基本统一适用同一税率，不利于中国油气资源均衡平等、可持续发展[93]。

（3）缺少鼓励开发低品位油气资源优惠政策

低品位油气主要是指复杂的小断块油气田、低丰度、低渗透油气田和稠油油田开采出的油气资源；还有一种是后天形成的，即由于长期开采，油气田剩余的品位变差的油气资源。由于油藏类型复杂，油气企业针对不同类型的油气资源开采工艺技术和成本差别很大。近年来随着勘探和开发程度的不断加深，常规油气后备资源越来越少，低品位油气产量比重逐年增加，已探明的石油储量中，低渗透、超低渗透占比已达 70%，低丰度储量比例高达 90%，中国石油勘探整体进入低品位资源勘探阶段[94]。低品位油气资源开采所需技术难题多、工艺要求高、资金投入巨大。当前税费针对低品位油气资源的税费主要是资源税和探矿权采矿权使用费，还包括无差别征收的石油特别收益金。随着开采进入中后期，油气企业已无法实现规模经济效益，国家给予的税费优惠时常难以弥补石油特别收益金的无差别支出，现行税制未能充分考虑油藏类型、开采工艺技术和成本差别等因素来制定相应的税费优惠政策。

4.3 具体税费制度存在问题

4.3.1 增值税

（1）油气行业增值税负担整体偏高、优惠力度不足

我国在 2019 年深化了增值税改革，将成品油、石化产品的增值税税率下调为 13%，液化石油气、天然气税率降为 9%，但成品油增值税税基包含消费税，而成品油消费税的税负较高，因此导致成品油增值税高于国内其他行业。

此外，城市维护建设税和教育费附加以消费税和增值税为税基计算征收，导致油气行业税收负担进一步加重[34]。同时，增值税实行退税、抵税、免税的范围较窄，虽有税收优惠政策，但力度小，尤其是在客观条件差、高风险的非常规油气田等区域，税收优惠相比油气资源开发成本，远不能减轻油气企业的流转税负担，因此，需要进一步对增值税进行调整，扩大免税、退税范围，降低国内油气田增值税税率，减少的税费帮助油气企业提高勘探技术和开发质量，以有效提高油气资源的国际竞争力。

（2）税收收入分配比例不够合理

由于油气资源的开采特点，对生态环境的破坏性较强，治理和修复生态环境是地方和中央政府义不容辞的责任和义务。而增值税作为主要税种之一，税收收入相对较高，在实际分配税收时，地方政府分配到的收入较少，但对于油气开采地来说，税收收入不能抵消资源开采造成的环境修复成本，尤其是油气资源型城市，资源耗尽后所面临的巨大风险，不仅仅来源于生态环境，也在于城市未来发展前景。因此，在进行增值税调整时，尽可能将税收分配向地方政府倾斜。

（3）油气工程企业留抵税额偏高

国家实行全面“营改增”后，油气工程企业的建筑施工类业务，如：钻井、固井等由“生产性劳务”调整为“建筑服务—其他建筑服务”的范畴进行纳税，税率为9%；技术类业务，如：测井、录井等由“生产性劳务”调整为“研发和技术服务—专业技术服务”范畴进行纳税，税率为6%。尽管油气工程企业与普通的建筑安装企业有很多的关联性，但并非真正意义上的建安类企业，虽然增值税率下降后减轻了名义税负，但同时产生了一些问题。油气工程企业具有前期投资大、生产周期长、逐步实现经济收益等特点，为维持工程项目基本运行，前期需垫付大量资金用于购买专用设备、原材料等，普遍税率为13%，此时，此类型公司销项税率是9%和6%，进项税率是13%，就出现较为严重的进销项税额倒挂现象，实际收入与成本无法合理冲抵，导致进销项税额严重不均衡，产生了大量的留抵税额。若国际油气市场低迷，石油工程企业就进入“寒冬期”，留抵税额又会大幅增加。此外，跨区域提供钻固井工程类服务一般要以2%的预征率（重庆和内蒙古等地区3%、新疆地区5%）向建筑服务发生地主管税务机关预缴增值税款，预缴的增值税长期得不到抵减，占用企业大量资金，进一步加重了企业的税收负担[95]。

尽管财政部、税务总局于2018年8月在《关于2018年退还部分行业增值税留抵税额有关税收政策的通知》中，对部分行业增值税期末留抵税额予以退还，但申请单位需同时满足：连续6个月（按季纳税的，连续2个季度）增量留抵税额均大于零，且第六个月增量留抵税额不低于50万元；纳税信用等级为A级或者B级；申请退税前36个月未发生骗取留抵退税、出口退税或虚开增值税专用发票情形；申请退税前36个月未因偷税被税务机关处罚2次及以上；自2019年4月1日起未享受即征即退、先征后返（退）政策5个条件，在相关税务部门的监督审核下，进行各类明细资料的整理、填报和提交，最终才能完成留抵退税。在实际操作中，留抵退税条件中“纳税信用等级范围”没有综合考虑部分信用等级不达标的初创石油工程企业，“连续六个月有增量”没有综合考虑因业务调整而无法满足连续增量的企业，导致可实行的留抵退税效果不够理想，范围不够广，门槛比较高[96]。

4.3.2　消费税

在第75届联合国大会期间，中国提出将采取更加有力的措施和政策，力争于2030年前二氧化碳排放达到峰值，努力争取2060年前实现碳中和，这不仅体现了国家对于发展绿色经济的战略举措和决心，还在如何引导纳税人降碳，以低碳零碳发展替代高碳发展上，留出更大的思考空间。作为助推绿色低碳消费手段之一，消费税一直是调整产业结构，正确引导消费的重要途径，“双碳”目标对消费税改革提出了更多更新的要求。现行消费税与这一目标要求还有一定差距，存在的问题主要表现为：

（1）税收分配机制不够科学

成品油消费税属于中央税种，税收收入全部归中央所有。尽管国家每年通过转移支付方式将成品油消费税收入转移给地方，但该收入的部分转移并不能使地方直接受益，也无法促进地方政府加大税收监管力度。一方面，炼油厂的生产行为和成品油消费行为会对地方环境造成现实污染，税收收入转移额度无法弥补地方治理环境成本，无法直接体现税收受益原则；另一方面，成品油消费税的中央税种性质无法调动地方政府监管积极性。成品油市场存在大量的逃税漏税行为，税务部门需投入大量人力、物力、财力来统一监管，付出成本与收益补偿没有直接挂钩，无法产生原始驱动力，就难以推动地方政府和相关税务部门进行主动、有效监管。

（2）征收环节不够合理

国内成品油消费税主要是对汽油、柴油、石脑油、溶剂油、航空煤油、润滑油和燃料油等七种油品在生产、加工、进口等环节征收的。尽管生产环节征税具有涉税方较少、税源数量可控、便于征管和征收成本低的优点，但多年实践证明，在生产环节而不是零售环节征税，导致了成品油市场乱象频出。首先，逃税漏税行为屡禁不止。随着社会资本份额不断增加，成品油市场中个人炼化和销售企业逐渐增多，一些不法分子通过制造调和油、非标油和走私进口油品等方式投机取巧钻税收监管空子，生产的成品油一部分以“裸油”或无税调合油的价格进入市场，通过逃税以获取巨额利润，扰乱了成品油市场的供应秩序；此外，尽管目前航煤免征消费税，但市场上一部分航煤被用来制作调和油，出厂时仍以航煤名义出厂，躲避了缴纳消费税。其次，生产环节征收消费税滋生出了通过虚开发票、换票、改票、变票、以票控税等手段逃避消费税的现象。自 2020 年 7 月以来，各地破获了 5 起成品油涉税特大案，违法企业仅通过虚开增值税专用发票方式逃税漏税，非法所得合计 60 余亿元。这只是混乱无序的成品油市场中的冰山一角。再次，提高了炼油企业的税负和成本。由于消费税在生产环节征收，加大了企业的支出费用，占用了企业的流动资金，不利于企业发展绿色循环经济和技术创新。最后，消费税和增值税、城建税和教育费及附加的税基，使消费税以另一种途径重复征收[97]。

（3）价内税不利于提升社会环保意识

消费税是价内税，实行价内税不利于培养消费者的纳税意识，尽管事实上消费税通过转嫁最终也是由消费者承担，但是由于消费者在完全不知晓的情况下被动赋税，很大程度上会减弱了公开透明度，无法使消费者直接感受到所承担的税收，不利于消费者纳税意识的提高和节能减排，致使消费税对环境保护功效降低[98]。

4.3.3　企业所得税

（1）中央和地方利益分配未考虑生态补偿

国务院在 2003 年发布的《关于明确中央与地方所得税收入分享比例的通知》中规定，中国铁路总公司（原铁道部）、各银行总行及海洋石油企业缴纳的部分归中央政府，其余部分中央与地方政府按 60% 与 40% 的比例分享。当前，油气资源型城市大力探索绿色发展路径，在资源勘探开发、生产加工等环节加强高新技术应用的同时，还逐渐提高了企业自身的社会责任意识，开始致力于资源地环境污染治理。由于企业所得税实行统一分成比例，针对资源地没有相应的政策倾斜，不利于地方政府主动反思和探索经济、社会与环境的协调发展道路，极大影响了地方政府的积极性，有些地方政府甚至出现不作为等现象。

（2）税收优惠形式相对单一

国家实施原油、天然气资源税改革对鼓励开发油气资源发挥了一定的作用。然而，企业所得税优惠政策并不完善，突出表现在税收优惠政策范围较窄、力度小、形式单一。其中资源税对稠油、高凝油、高含硫天然气、低丰度油气田及三次采油等给予优惠政策，减征幅度从20%～40%不等，但企业所得税并没有体现足够的税收优惠。企业所得税优惠政策主要采用减免税、减计收入优惠等直接优惠形式，而国际上通用的加速折旧、延期纳税等间接优惠方式很少使用，不利于开发非常规油气资源[99]。

（3）固定税率难以反映开发各阶段成本变化

油气企业从开发至枯竭要经过上产期、稳产期和递减期等几个阶段，稳产期油气田效益较大，递减期尤其是后期油气企业开发利润逐步降低，最后在不获利的情况下被废弃。按照现行的税费制度，从稳产期到递减期乃至濒临枯竭时，企业适用税率基本一致，这导致有油气企业在开发后期要么亏损生产，要么在还有较高技术采收潜力的情况下提前废弃油田，必然影响油气资源的有效利用[100]。

4.3.4　资源税

（1）立法宗旨不够明确

纵观资源税从开始征收到现在近40年间，各地出台的系列规范性文件所明示的资源税征收目的表述多元且不一致，包括：“调节经济、公平税负、增加财政收入”的目的、“促进资源节约开采和利用”的目的、“促进资源的合理开发利用”的目的和“促进资源节约集约利用和环境保护”的目的等，但在溯源资源税母法时发现：从1984年颁布的《资源税条例（草案）》，到1993年颁布、2011年修改的《资源税暂行条例》，再到2020年9月1日起实施的《资源税法》，近40年时间，均未创设针对资源税的立法目的条款，也未明示资源税的课税目的。尽管2021版《税法》教材中提到，“资源税开征之初，其功能定位主要是调节级差收入，其绿色环保功能并未得到重视。1994年开始实行‘普遍征收、级差调节’的新资源税制”，但在实践中此功能却也未能精准定位，相关部门对资源税主导目的的定位处于游离状态，缺乏清晰统一的认知，同一决策主体在同一时间段内对资源税的目的也时常表述不一，诸如级差收益调整、生态环境保护、财政收入筹措、经济调控和国家财产权益维护等表述，掩盖了资源税促进资源节约集约可持续利用的绿色理念。这直接导致了资源税在基准政策制定、优惠减免、计税依据、避免与其他税种征收相冲突等方面存在诸多盲目、争议、混淆与阻碍。

（2）计税方式不尽合理

油气资源计征依据是纳税人应税产品的销售额，对于既不销售也不自用的数量不征税。这种计税方式并不够科学，表现在：从价计征未能体现资源真实消耗状况；从价计征未能解决从量计征方式未解决的问题；从价计征未能考虑油气开发造成的不同环境污染程度，难以解决环境保护问题。

（3）未全面实现级差调节功能

油气资源税按照 6% 的比例征收，通过综合减征率来进行级差调节，一方面，尽管对于低丰度油气田、含硫天然气等实行 20% ~40% 的优惠减免，但涵盖面不广，作用并不显著，仍相当于单一税率。这种税率的同一性，导致了资源税失去级差调节功能，表现在：单一比例税率未能考虑油气开发的不同阶段，针对低渗透油田、低产出油田未进行优惠减免；现行的税率未将可持续发展考虑在内。另一方面，综合减征率是落实减免税政策的具体体现，由于综合减征率是由油气企业自行测算经各级地税机关层层上报，造成综合减征率可比性差，实际执行中各油气田综合减征率呈逐年递增趋势，不仅不利于税制改革目标的实现，也不利于鼓励油气企业技术创新。现行的油气企业资源税负担水平较低，限制了资源税税收调控作用的发挥空间，弱化了资源税对资源的保护作用，会导致资源被廉价甚至无偿使用，带来企业成本的外部化和社会化，导致对环境和生态的双重破坏。

（4）可持续发展导向性不够

油气是不可再生资源，油气资源税应着重强调其体现资源稀缺性和代际补偿方面的功能，但中国的油气资源税没有考虑资源本身的内在价值和不同资源的经济作用，无法很好地反映出资源的稀缺程度和不可再生性，没有将资源耗竭的可持续发展成本内部化，无法起到保护资源和合理开采的作用。生态补偿理念的缺位，使得中国油气资源税费制度设计主要围绕“经济价值”而略微忽视生态环境价值，造成生态环境损害成本未纳入油气资源价格体系中，油气资源税缺乏生态补偿的内涵，无力解决油气田区生态破坏和环境污染的问题[101]。

4.3.5　环境保护税

2016年全国人大常委会表决通过《环境保护税法》，2018年全国正式征收环境保护税。征收环境保护税的目的在于减少污染物排放，助力保护和改善环境，建设生态文明社会。作为重要的战略资源，我国油气资源需求量大，污染物排放量大，因此根据《环境保护税法》有关规定，油气行业应对其直接排放在环境中的应税污染物按一定标准缴纳环境保护税。

环境保护税的征收促使油气企业关注节能环保，但征收过程仍存在待完善之处，主要表现为：

（1）预防及治理修复油气行业环境污染的导向性有待提高

《环境保护税》规定的征税范围主要为四大种类，分别为大气污染物、水污染物、固定废物及噪声，其中仅应税的水污染物就有61种，造成水质恶化的如pH值酸碱度失衡等因素导致的污染也属于应税水污染物；而应税的大气污染物则多达44种，其征收对象主要是污染物，更多地关注生产过程的污染物管理。对于油气企业而言，勘探开采过程的污染排放大，其前期的污染预防及后期的污染修复治理投入也是巨大的，例如钻完井会排放钻屑、产生非油层段水基钻井液；开采失误造成的油气泄漏污染等，如果不关注污染物排放的预防及排放后对环境的恢复治理，也难以达成改善环境的目的。而该法的推出，使油气企业更多地关注污染物的排放而忽略了这些问题。同时，我国一般将税收收入连同非税收收入一并归入一般公共预算收入，这使得企业排放污染物却不用出钱进行污染修复，污染修复需要庞大的资金支持，尤其在油气资源领域，因其涉及跨地区运输、大面积开采的问题，污染问题更严重，但这部分支出基本由国家承担，不能增加企业排放污染物的代价，并不能促使企业减少污染物的排放和关注污染预防与治理。而政府在财政收入递减的同时，反而增加了财政支出，进而增加了挪用税款的风险。如果征收的环境保护税被挪作其他用途，那么通过环境保护税来改善环境污染的目的将难以实现[98]。

（2）缺乏油气行业针对性、征收范围过窄

环境保护税经历“费改税”，其应税污染物在原排污费应税污染物的基础上进行了增加和细化，基本可以涵盖油气行业排放的污染物种类，如勘探过程的震源污染及噪声污染；开采过程的大气污染和污水；集输过程的含油污水和含油污泥等，但这些应税污染物是具有普适性的，适用于各行各业，对油气资源行业的其他污染物没有进行纳税，如对碳税、光污染等新型污染物未进行规定；各个油田普遍采用放射性同位素示踪测井，对地层水源会造成一定的污染，内蒙古二连油田开采中也对当地草场造成了破坏和污染。此外，油气资源领域产生了大量的挥发性有机物VOCs，仅在2010年，中国工业源VOCs排放量就达到了1335.6万吨，其中生产环节排放263万吨、油品和溶剂储存及运输业排放129.5万吨，近十年还在大量递增。而大部分挥发性有机物VOCs在太阳光和热的作用下易发生光化学反应产生臭氧等，对人体的伤害极大，会损害人的肝脏、大脑等，使其畸形，甚至癌变。而该类污染物并未涵盖在环境保护税的应税污染物中，没有环境保护税制约，很难从根源上改善现状[102]。

（3）征收分工协调性、配合度有待提高

首先，环境保护税主要针对甲苯、甲硫醚等具体污染物进行征收，但对于油气企业而言，要准确测量不同污染物难度很大，因原油中含有的主要物质是碳、氢、硫等，还有磷、砷、钾、钠等多种微量元素，当原油泄漏或者存在其他可能污染环境的情况时，要进行征收需先准确区分这些物质并对其数量进行统计，但原油开采规模大，统计难度大，需要油气企业通过安装测量设备、雇佣专业检测机构或按排污系数等方法进行测量，该工作复杂耗时、成本高。此外，油气企业之前缴纳排污费，环保税正式实施之后，作为新税种其在征税范围等方面均有大不同，油气企业对核算依据、税额计算方法等均较为陌生，在实施中需要税务机关进行全面的辅导，这也在一定程度上增加了税务机关的负担，降低了税收征管的效率[103]。征收环保税加大了油气企业税收负担，增加了企业支出减少营业利润，降低了油气企业配合度。

其次，从征收制度上看，环保税需要多部门分工协作，信息共享。税务机关负责征收，生态环境主管部门负责对污染物监测管理，而企业需自行申报，同时自行报送排放应税污染物的种类、数量及浓度值等信息。税务机关依据纳税人或环保部门上报的数据进行征收，其无法自行检测纳税人排污值，征收准确性有待考量。在进行污染物测量时，纳税人需安装使用符合国家规定，并与生态环境主管部门联网的自动监测设备进行统计，但对油气企业而言，如需安装设备，其安装数量大，导致安装支出大，部分油气企业选择不安装，这就需要专业检测机构或环保部门进行介入测量或者按当地环保部门规定的标准进行核算，而油气企业排污量大，成分复杂，第三方机构不具备对这类污染物的检测条件，不同地区的核算标准也不同，这导致企业申报结果与有关部门的结果不一致，可能导致油气企业与主管部门的矛盾[104]。

4.3.6 石油特别收益金

石油特别收益金是对石油开采企业销售国产原油价格超过一定水平所获得的超额收入按比例征收的收益金，其设置目的是妥善处理各方利益关系，在公益性行业等方面作用突出，但在实际征收时，仍存在有待完善之处，主要表现为：

（1）中央与地方政府税费分配不够合理

各层级政府的职能权限及工作范围都有差异，在油气资源开采、销售等过程中，所变现出来的权利差异也有所不同。中央政府是油气资源的所有者，地方政府是中央政府所有者身份执行的代理机构，依据中央指示，执行中央政府决定，两级政府的共同目的是通过法律法规途径，在资源归国家所有的前提下对油气资源创造的收益进行合理分配。但由于中国在政权划分、管理体制等方面具有独特性，且各类收入等分配不同，使中央与地方政府之间的关系较复杂。石油特别收益金属于中央财政非税收入，在有关机关收取后全部纳入中央财政预算管理，因而在油气资源价格上涨时地方政府并不能取得相应的收益补偿，不利于调动地方政府税收行为和生态环境修复的积极性，甚至可能出现消极不作为的情况[105]。

（2）征收方式不够合理

中国油田在资源禀赋、丰度和渗透性等方面各不相同，而中国现行石油特别收益金是按五级超额累进税率统一进行征收，这种征收方式没有考虑各油田自身条件的差异，有可能对低资源禀赋油田生产的再投入造成伤害，且石油行业是投入、风险与收益均高的资本密集型产业，目前部分油田由于自身资源差及开采地的地质构造原因，勘探和开采难度极大，国内常规石油与天然气资源勘探处于中期和中后期，剩余常规油气资源品质整体降低；国内老油田开发整体处于中高含水阶段，油气资源品相逐渐降低，勘探开发难度与成本不断加大。石油产业要采出原油、生产成品油，需进行大量的前期投入，且还需要经过几次采油技术依次经历勘探、钻井、开采等一系列步骤，才能形成原油产量，而开采出的原油以沥青等重油为主，这意味着油气企业的相关成品油生产工艺复杂、生产周期长，其成本就高于或临近石油特别收益金起征点。此外根据数据显示，低品位石油开采难度大、成本高，相关开采企业的生产投入远高于高品位石油，因此低品位石油开采者只有在能获得高额油价支撑时，才能实现盈利，而征收石油特别收益金使其开发成本继续加大，其成本就高于或临近石油特别收益金起征点，这时仍对其进行石油特别收益金的征收，必将导致企业负收入或收入极低，难以维持企业可持续发展，这会打击油气企业积极性，不利于保证国家能源供应需求与安全[106]。

4.3.7　水土保持补偿费

油气资源开发水土保持补偿费是协调油气资源开发利益相关者之间关系的有效机制，在补偿主客体、补偿标准、资金渠道、法律体系、监测与监督等方面存在的问题主要表现为：

（1）补偿主体界定不够清晰

“谁开发谁保护、谁破坏谁治理、谁受益谁补偿”的环境保护原则明确了生态补偿主体的界定原则，但具体实施还很复杂，国家、社会组织、单位和个人都有可能成为补偿主体。众多补偿主体并未明确，难以依据现行法律条款明确界定各利益相关者的环境权利、义务、责任，而易于陷入“公地悲剧”的陷阱之中。补偿主体模糊使得水土保持补偿制度开展不顺利，显失公平性。

（2）补偿客体未统一

关于水土保持补偿客体，学术界争论很大，未形成统一的观点指向。一种观点注重对人的补偿，认为水土保持补偿客体就是补偿的受偿对象，此观点与水土保持接受主体混同；另一种观点注重对生态环境的补偿，补偿客体是自然生态系统，非法律意义的补偿客体；还有观点片面地认为水土保持补偿客体是生态补偿行为。对此，有必要探寻水土保持法律关系中权利义务的真正指向。

（3）补偿标准不够明确

水土保持补偿费征收标准是政府和企业关注的焦点所在，其标准设置应当“轻重适度”。过低的水土保持补偿费可能导致人类生产经营活动对环境的破坏远高于缴纳的补偿费所能恢复的程度，而如果缴纳的水土保持补偿费用过高，可能会很大程度地影响经济建设，加重油气企业缴费负担。因此，设置“轻重适度”的水土保持补偿费标准显得尤为重要。轻重适度，不仅要较清楚地划分各种缴费项目，更要科学、合理地根据各个项目进行费用的征缴。水土保持补偿费的收费标准还存在一定的不科学性，突出表现为油气生产期间按油气井占地面积征收不够合理。现行水土保持补偿费按照油气资源开发的建设期间和生产期间分别计征，基本体现油气资源开发活动特点。但是，油气资源开发生产期间按照油气生产井占地面积计征未能全面反映油气资源开发造成水土保持生态服务功能的损失，仍然存在一定的局限性，主要表现为：

一是按照油气生产井占地面积征收计费依据过窄。油气资源开发项目中的油区道路、计量间、联合站、水井、勘探井等占地面积不容小觑，以大庆市红岗区为例，该区地处油田腹部，横跨萨尔图和杏树岗两个采油区，辖区原油产量占大庆油田产量的40%左右。辖区有油水井1万多口，计量间754个，联合站271个，油田道路57条，进井路近1万条；辖区共有产能用地92071.2亩，其中油水井、计量间、联合站用地45857.1亩，管线用地23412.1亩，油田道路用地22802亩，形成产能建设用地面积大、用地分散的现状。2018年，陕西省志丹县境内胡尖山油田占地面积138.1hm^2，辖区内油田道路全长235.8km，面积约占油田占地总面积的40%[107]。由此可见，油气生产井占地面积只是油田产能用地的一部分，现行水土保持补偿费按照油气生产井占地面积计征，征收面积过小，计费依据过窄，未能全面反映油气资源开发造成水土功能的损失，一定程度上限制了水土保持生态服务功能的恢复和治理。

二是按照油气生产井占地面积征收未能充分考虑水土保持生态服务功能损害因素。油气资源开发水土保持补偿费以油气生产井占地面积为计费依据，主要体现为生产井对占压、扰动土地及毁坏植被的补偿。生产期间落地原油、注水采油、水力压裂带来的潜在地质危害和污染等损害并未一并考虑。这些因素的损害程度与油气产量密切相关，仅按油气井面积征收并不科学。

三是补偿依据未明确界定。《水土保持法》第三十二条规定：对于水土保持设施、地貌植被无法恢复原有水土保持生态服务功能的，应当缴纳水土保持补偿费。其中的“不能恢复原有水土保持生态服务功能”究竟如何界定，还没有严格的标准和界定办法。例如，从现有水土保持补偿费征收标准来看，油气资源开发生产运营期按照油、气生产井占地面积征收水土保持补偿费，未将油气管道运营占地考虑其中，视为已恢复原有水土保持功能。实际上，在粮食产地等区域进行油气传输管道建设，管道运营过程中通过平整土地恢复了原来的种植功能，但是土壤已不适合种植粮食只能种树，并没有完全恢复原有种植功能，应缴纳水土保持补偿费。是否可以视为恢复了原有水土保持功能，水土保持补偿制度对此并没有详细具体的界定标准。

（4）补偿资金来源渠道较为单一

油气资源开发水土保持补偿资金的主要来源渠道是油气企业每年上缴的水土保持补偿费等生态税费。水土保持补偿费缴纳后，中央、地方政府以水土保持补助金、水土保持生态建设资金等形式投入水土保持综合治理项目。其中国家水土保持重点工程补助金2016—2021年分别为：53.83亿元、46.42亿元、

61.8亿元、67.8亿元、69.8亿元、76.93亿元，平均每年增长8.45%[108]。“十三五”期间，累计安排贫困地区水土保持中央投资182.8亿元；累计安排东北黑土区（内蒙古、辽宁、吉林、黑龙江等4省（自治区））水土保持中央资金38.8亿元[109]。尽管各地上缴部分水土保持补偿费为国家统筹治理水土流失提供了一部分资金，但有限的财政拨款仍难以统筹支撑逐年增长的水土补偿成本，归油气开发区地方管理和使用的水土保持补偿费难以补偿水土保持生态服务功能的破坏，油气资源开采环境生态修复因资金的限制难以得到彻底的治理和恢复。除中央、地方政府拨款外，来自生态基金、社会捐赠、生态债券、优惠贷款等市场机制作用渠道资金投入方式很少，且所有补偿都类似“输血式”补偿，这种“亡羊补牢”的事后治理方式，很难根本遏制水土流失[110]。

（5）补偿法律体系尚未建立

有关油气资源开发水土保持补偿，并没有独立的法律制度，只是在《水土保持补偿费征收使用管理办法》的计费依据中被单独列示。其他环境保护有关法律对资源开采环境管理只提出开发企业原则性要求，缺少全面、可操作性的相关法律准则。油气资源开发水土保持如何补偿、怎样补偿并没有具体法律条文规定。例如2009年《矿产资源法》第三十二条规定开采矿产资源，必须遵守有关环境保护的法律规定，防止污染环境。2013年《土地复垦规定》第十条规定地下采矿等造成地表塌陷的土地由土地复垦义务人负责复垦。2015年《环境保护法》第十九条规定开发利用自然资源，必须采取措施保护生态环境。2017年《水污染防治法》第四十二条兴建地下工程设施或者进行地下勘探、采矿等活动，应当采取防护性措施，防止地下水污染。报废矿井、钻井或者取水井等，应当实施封井或者回填。

（6）水土流失监测不到位

水土流失动态监测仍未全面开展，对水土流失生态安全预警、水土保持目标责任及有关生态评价考核等支撑不足。分级负责的生产建设项目监督性监测效能不高，水土流失案件查处不及时，对人为水土流失的约束作用不足。水土保持重点工程治理成效监测评价尚未开展，工程效益不明，无法为检查验收、绩效评价和后续项目布局及规划编制提供科学依据。水土保持监测信息化程度不高，现代化技术应用不足，远远滞后于自然资源、生态环境等其他部门，相关监测成果共享机制不健全，成果应用范围不广。

（7）监督途径有限、缺乏专业执法人员

油气产区水土生态环境被破坏，当地居民直接受到威胁，水土保持的监督工作应发动油气开发区所有居民的力量共同参与和管理。目前主要规定了水行政主管部门和流域管理机构针对单位和个人的监督检查，没有畅通群众对单位、个人以及水土保持部门的监督途径。由于油气作业具有高度技术专业性，这就需要负责油气生产环保监管的地方环保部门具备油气开发专业知识背景和一定从业经验的执法监测人员，而目前还没有针对油气产业配置专业执法人员的例子。油气作业的监管呈现出“弱政府，强企业”的倒置状态，本应成为监管对象的石油企业，反而成为生态监管的主力。

（8）缺乏特殊行业专业化专职监管机构

油气行业是典型的高污染风险产业，但监管却一直是政府专业化管理的薄弱环节。近年来，不断有学者建议改革中国油气资源监管体系的顶层设计，以彻底解决油气生产的环保安全问题。监督工作仍是水土保持中的薄弱环节，各省、自治区水土流失的监督工作开展不平衡，还不能完全适应新时代水土保持行业管理和社会管理的需要，也无法满足服务区域生态文明建设的要求，通过改革创新切实提升水土保持监督能力以加快推进治理能力现代化势在必行。

本章小结

中国油气税费制度在政策理念、体系设计和具体税种等方面存在诸多问题。税费体系设计存在利益分配制度有待完善、未充分考虑油气资源可持续发展等问题；在税费理念方面存在油气生态补偿制度存在缺失、油气专项税费优惠有待完善等问题；在税费种类方面存在：增值税负担整体偏高、优惠力度不足等问题，消费税税收分配机制不够科学、征收环节不够合理等问题，企业所得税中央和地方利益分配未考虑生态补偿、税收优惠形式单一等问题，资源税立法宗旨不够明确、计税方式不尽合理等问题，环境保护税预防及治理修复油气行业环境污染的导向性有待提高、缺乏油气行业针对性等问题，石油特别收益金征收方式不够合理等问题，水土保持补偿费按照油气生产井占地面积征收未能充分考虑水土保持生态服务功能损害因素等问题。

第5章

国外油气税费实践及启示

从文艺复兴到工业革命结束大约400年的时间里，大规模的资源开发利用成为人类社会经济发展的主旋律，特别是20世纪以来，人类开始大规模地开发利用地下矿产资源，地面资源开发利用的深度和广度也达到了史无前例的地步，并逐渐形成一套与资源开发利用相匹配的税费制度。国外主要产油国经过多年的实践，已经形成了比较完善的油气税费制度，其税费大体包括油气专项税费和油气通用税费两种类型，值得深入研究并予以借鉴。

5.1 国外主要产油国油气税费构成

在世界石油工业近一个半世纪的发展历程中，美国、加拿大、英国、俄罗斯、澳大利亚、伊朗等主要产油国形成了一套比较完善的油气税费制度，并能够根据油气生产情况及其供求变化适时加以调整。其中发达国家油气税费比较先进；而发展中国家，长期以来只允许国家石油公司经营油气勘探开发业务，投资全部纳入国家预算，收入也全部上缴国家财政，对油气税费不够重视。近年来世界范围的私有化浪潮促使发展中国家进行经济转轨，在对国家石油公司实行改革的同时，还吸引外资参与国内油气勘探开发，开始尝试运用税费手段调整各方利益关系，在油气税费建设方面也取得了可喜的成绩。纵观世界主要产油国油气税费体系，可以分为油气专项税费和油气通用税费两个方面。

5.1.1 油气专项税费

油气专项税费主要是针对油气等矿业企业征收的一种税费，对其他非矿业企业并不适用，主要包括红利、矿业权租金、权利金、资源耗竭补贴制度及其他税费制度。

（1）现金定金

现金定金是石油公司在签订合同、获得商业性发现、投产以及产量达到一定水平时向政府缴纳的现金费用。包括签订合同时缴纳的签字费、获得商业发现和投产时缴纳的见油费、产量达到一定水平时缴纳的高产费。签字费是石油公司为获得矿区使用权而向政府缴纳的一项现金费用，该笔费用一般允许在油田投产后当年全额列支或分几年摊销。目前征收签字费的国家和地区的数量正在逐步减少，大约只占 1/4。见油费的具体金额一般都通过谈判确定，并允许在支出当年或分几年计入成本。目前世界上只有约 1/5 的产油国家和地区征收见油费，并且多为亚非发展中国家。高产费是在油田日产量达到一定水平时向政府一次性缴纳的一种现金费用，通常也允许在支出当年或分几年列支。目前世界上征收高产费的国家和地区大约有 40 个，大都为发展中国家，各国的起征点也各不相同。现金定金是石油公司的一种额外负担，从发展趋势来看，一些国家为吸引外资和鼓励石油公司开发油气资源的需要，逐渐取消了现金定金，如马来西亚和泰国等。

（2）权利金

权利金又称矿区使用费、矿业税、采矿税、采掘税、地下资源利用付费、采矿特许权税等，但其含义基本相同，是指矿业权人向矿业资源所有权人因开采矿产资源而支付的赔偿金，调节的是矿产资源所有权人与采矿权人之间的经济关系，它是一种财产性收费。体现在油气专项税费上，即油气开采企业不论盈利与否，均需向油气资源所有者缴纳权利金，是资源所有者经济权利的体现，反映的是绝对地租的概念。权利金保证了政府从资源企业生产中取得一定的固定收入，而无须依赖对公司销售或利润的征税。世界上多数国家实行的是权利金制度，经过长期的改革和调整，权利金制度不断完善，并且已成为油气资源勘探开发过程中一个被普遍接受的国际惯例。在许多石油大国中，权利金的收入构成了国家财政收入的重要组成部分。

权利金的计征办法有从量计征和从价计征两种方式。从量权利金是指按照生产或采出的石油、天然气的数量征收；从价权利金是指按照生产或采出的石油、天然气的价格征收一定比例的费用。在“二战”前和殖民地时期，多数欠发达国家的权利金采用从量计征方式，“二战”以后，引入了所得税，从价计征的权利金等成为油气税费的主要形式。可见，世界上最早是用从量计征权利金，这种方法看似简便易行，便于政府进行计算和监督，对采石场、煤矿等生产质量比较稳定的矿产品的计算简便易行。但是，对某些矿产品从量计征也有其弊端，一些金属矿产品的品种、质量变化很大，政府难以统计各种产品的实际产量，只有依赖矿山的产量记录。从量计征法难以反映物价上涨的影响，目前多数矿种权利金已经转向从价计征。由于净利润法比销售收入法更能体现各种因素的影响，也有个别国家的权利金与利润、投资收益挂钩，尽管矿业公司比较愿意选择净利润权利金（具有递增性），但是政府为了从地下正在开采的矿产中得到稳定收入，大都按照实际开采和销售的矿产价值征收权利金。由于经济发展水平、矿业政策以及国际通行的惯例不同，各国权利金费率各不相同，俄罗斯和中亚地区矿区使用费在10%以内，美洲矿区使用费在20%以下，各国费率水平一般设定在10%～20%之间。国际上流行的费率标准为12.5%。由于各国的经济政策、资源条件和油气开采阶段的不同，权利金费率的确定依据和标准有所区别，可归纳为固定费率和差别费率。

固定费率，是指仅规定一个百分比或固定数额，这种费率形式较为简便，但不能适应不同情况，难以贯彻公平税负原则。采用这种方法的有加纳、马达加斯加、苏丹、柬埔寨、马来西亚、菲律宾、墨西哥、美国加利福尼亚州、澳大利亚北方领土地区、巴布亚新几内亚等国家或地区，它们分别对所有矿产规定了5%、2%、7%、2.5%、5%、2%、7.5%、10%、20%、2%的固定费率[111]。

差别费率，是指根据油气产量、生产条件、开采方法等因素确定不同的费率。这种费率形式可以适应不同情况，能较好地发挥矿区使用费的级差调节作用，其形式较为复杂，具体可归纳为八种情形[112]：一是根据产量或价格的不同，将产量分为几个档次采用超额累进费率。对产量或价格高的适用高税率，反之适用低税率。哈萨克斯坦税率最低为10%，最高可达70%。二是费率根据地区、海洋和陆地、水深以及离岸距离等生产条件的不同有所区别。三是费率根据与收入和投资有关的某个比值进行滑动。四是费率根据原油质量（比重）不同而有所区别，包括轻油和重油费率不同和根据API度费率进行上下滑动两种情况。五是费率根据新油气田和老油气田有所不同，一般给予进入开采后期的老油气田较低税率优惠。采用这种方法的有德国、奥地利、加拿大、美国等。六是费率根据不同的开采方法有所不同，一般对通过提高采收率方法开采的原油适用较低的费率。七是费率根据一般油田和边际油田有所不同。出于鼓励目的，美国很多州政府相继审议或批准了提高边际油气井开发经济效益的税收鼓励政策，大多数鼓励政策都一定程度地减免了边际油气井的税收，因为生产性税收减免政策易于管理，而且也能使不同的边际油气井的开采者都能受益，因而主要集中在生产性税收的减免上[113]。八是天然气费率一般低于原油的费率。在未来20~30年里，世界范围内的能源结构将发生重大变化，天然气可能成为第一大能源。根据2021年《BP世界能源统计年鉴》，2020年，因能源使用而产生的碳排放量下降超过6%，为1945年以来的最大跌幅。可再生能源则继续保持强劲增长态势，风能和太阳能实现了有史以来的最大年增幅。与此对比，天然气消费量增长了2%，占比达到24.72%，另外，天然气的产量增长了3.4%[114]。世界各国为鼓励天然气工业的发展，普遍对天然气矿区使用费采用较低的费率。

由于权利金的专业性强，多数国家的权利金由矿政管理部门征收，但征收级别各不相同，如美国分别按土地隶属关系归由联邦、州政府征收；加拿大、澳大利亚由联邦政府征收；巴西由联邦政府征收；印度由联邦政府征收。为了保证权利金的征收，各国在矿业法中规定了一系列措施。逾期不缴或少缴权利金将被吊销矿业权。各国均设有法定格式的权利金申报表，由权利金缴纳义务人（采矿权人）自我评估应缴金额，自动缴纳到矿业部（矿能部、矿产资源部、自然资源部等）指定的账户上，矿政管理部门的官员负责验证、检查、追缴欠费等。关于欠费追缴，各国也采取了一些措施，如澳大利亚各州，将矿业权人未付权利金作为他们对皇室的债务，由矿能部部长作为代表向法院提出诉讼追缴。权利金进入国家财政，在财政专立账户建立鼓励油气资源勘查、开发和保护环境的基金以及作为一般用途。

（3）资源租金税

资源租金税又称资源税、附加利润税、与矿山利润有关的权利金、资源租金权利金、消费税、超权利金、附加权利金、净利润权利金等，是指对石油公司超过基本投资收益水平以上的利润征收的累进税。在国际矿业界，通常将资源租金税理解为权利金的一种特殊形式，一种超过正常投资回报之后征收的权利金，类似于一种递进的所得税。因此，这种资源租金税，性质上属于应由矿业权人返回给矿产资源所有权人的一部分或全部的超额利润，是一种“中性”税。资源租金税包含三个主要因素，即栅栏收益率、税率或征收比率、可扣减支出。当采矿权人实现了栅栏收益率后，才开始缴纳资源租金税。栅栏收益率是一种风险调节利率，其水平应足以补偿油气公司投资于一个无风险行业的机会成本，并且还要加上一个附加溢价以补偿投资于自然资源部门的特殊风险，栅栏收益率高于正常商业经营的投资收益率。实现了栅栏收益率之后，政府开始征收资源租金税。实行资源租金税制度的国家，由于矿业权人通过栅栏收益率其投资已有了充分的回报，仅就其超额的部分征税，因此资源租金税税率普遍较高，所有权人（政府）尽可能多分得一部分。在栅栏收益率高的情况下，税率可高达 70%。计算资源租金税的可扣减成本比较复杂，实行这一制度的国家，对可扣减支出均有专门的详尽的规定。事实上，在征收资源租金税时，净利润的计算方法与征收所得税时计算应纳税收入的方法有一定的区别，这也正是矿业税收特殊性的体现。

资源租金税并不是市场经济国家中常见的油气税费类型，目前只有澳大利亚、美国的部分州政府等少数国家或地区征收。究其原因有四：一是资源租金税的征收本身有一些固有的缺点，因为采矿权人未达到栅栏收益率，所有权人在矿业活动之初的几年难以取得收入，此项收入具有不确定性。在征收和管理上也极不方便，“交易成本”相对较高；二是它违背了经济活动高风险高收益的原则。矿业投资风险非常高，因此矿业投资者要求得到比其他行业更高的投资回收率；三是它只是权利金的一个必要补充，完全可以通过设计更合理、更完善的权利金制度来既反映绝对地租，又反映级差地租，从而可以使油气资源所有权人获得合理的收入，同时又鼓励了矿产勘查活动；四是因矿山企业的资源条件差异而产生的收益差别，可以通过征收所得税加以调整，矿业权人利润越高，向政府缴纳的所得税也就越多[115]。

（4）矿业权租金

矿业权租金又称矿业权租费、租金、年度租金、死租费、进入费、用户费、矿地租金、土地租金、权利使用费等，是指矿业权人依法向油气资源所有权人（通常是国家）缴纳的探矿权、采矿权使用费。各主要油气国均征收这种矿业权租金，租金费率由各国矿业法、矿产资源法及其细则规定，一般根据矿业活动的类型按面积收费。矿业权租金初级阶段（前期勘查）收费较低，高级阶段（采矿）收费较高。矿业权租金虽然是按照所占土地面积征收的，但它与土地权无关，而是矿地租金，也是源于矿产资源的所有权，体现的是油气资源所有权人与矿业权人之间的经济利益关系[115]。土地租金是对地表的占用，是平面的概念，而地表权和地下权是分离的，矿地租金是对占用地下含矿空间征收的，是立体的概念，也是源于矿产资源所有权产生的。此外，征收矿业权租金还有另外一个目的，即鼓励矿业权人尽可能少占地，尽可能快地通过勘查工作退出自己认为没有远景的地区，一些国家之所以规定矿业权租金逐年递增，正是出于这一考虑。

（5）资源耗竭补贴

资源耗竭补贴最早产生于美国，它是对耗用了无法恢复的自然资源所做的一种提成，从净利润中扣除一部分给矿山经营者，用于资源的勘探、可替代能源的研发以及环境的保护等。耗竭补贴作为一种对采矿权人的补偿，与权利金截然相反，许多国家在税费制度中都采取了这一制度，如加拿大、美国、马来西亚、澳大利亚、印度尼西亚、津巴布韦等重要的矿产国。资源耗竭补贴的实质是通过降低公司的应税收入而减少公司的税负。由于石油工业本身发展具有周期性以及世界石油市场变化频繁，石油税收政策调整的频率也因此大大加快；同时由于石油勘探和开发条件恶化，石油工业国际竞争日益激烈，使得税收条件相对宽松。耗竭补贴是对矿业经营者的补贴。耗竭补贴作为一种对采矿业的补偿，有效地降低了矿业权人所承担的税负，为企业积极勘探开发新资源提供动力。耗竭补贴是一种负权利金，权利金是补偿给矿产资源所有人的，而耗竭补贴是补偿给采矿权人的，其费率一般在14%～22%之间。如美国允许矿业企业根据矿产资源储量消耗，在计算企业所得税应纳税所得额时按一定比例扣除，但扣除数额不得超过应纳税所得额的50%。加拿大以资源开发利润的25%比例计征。

耗竭补贴与权利金是完全相反的两个概念。但这两个概念的理论基础是相同的，即矿产资源的耗竭性理论。不同点在于补偿人的对象不同，权利金是补偿给矿产资源所有人的，耗竭补贴是补偿给矿业权人的。因此，耗竭补贴是一种负权利金，它作为一种对采矿的补偿，有效降低了矿业权人所承受的税负。

（6）燃油税

燃油税属于消费税范畴，是以燃料油为征税对象，在燃料油原价的基础上进行征税的一个税种。燃油税一直被看作是降低污染、防止全球变暖、节能降耗的一种方式，在有的国家，燃油税还被作为降低对国外原油进口依赖的一种策略。许多欧洲国家，如英国、法国、意大利，都采用了高燃油税来降低对燃油的依赖，从而减少交通拥堵和污染。因为高燃油税不仅有利于节油降耗，鼓励新技术与替代能源的研发与生产，而且还有利于引导人们选择经济节能的小车和公交出行，并能鼓励人们合伙用车（拼车）、短途旅游。此外，税收资金还可以用来有效地改善交通条件，大力发展公交设施。

世界上已经有130多个国家开征燃油税。尽管税目具体规定有所不同，但各国都是出于环境保护的目的，为减少汽车尾气排放，对汽油、柴油及相关燃料征税。美国各州主要针对汽油、柴油、煤油和特殊燃料（如天然气、乙醇）等征税；德国政府为了控制汽油的价格及消耗征收汽油税，取消了对生物柴油的免税政策，并且即将通过一项法令：只有生物燃料满足可持续发展标准才有资格申请国家配额；日本在征收汽油税的同时，还征收柴油税、地方道路税和天然气税等；澳大利亚联邦政府对原油生产者和燃油批发商征收消费税；新西兰燃油税的纳税人为石油进口商和燃油的生产销售厂家，征税对象主要为车用汽油、天然气和少量的液化气。

国外征收燃油税的主要目的是筹集道路建设资金。以筹集道路交通建设资金为主要目的，一方面决定了燃油税的征税对象为车用燃油，对非车用燃油的消费者给予一定的税收优惠甚至是免税；另一方面，也决定了其主要用途为道路建设。其次，征收燃油税带来的节能效果也是比较明显的。从短期来看，燃油税的需求弹性并不敏感，因为短期内消费者无法改变消费方式；但从长期来看，燃油税的需求弹性略大于 1，消费者对燃油税比较敏感，能促使消费者选购节能的车辆，同时，也能促使汽车生产厂家提高技术，从而导致燃油消耗量的减少[116]。虽然燃油税在许多国家都不是应环保要求而产生的，但是它的实施确实产生了有利于环保的效果。

国际上，不同国家对燃油税种有着各自不同的设置。消费税和增值税构成了燃油税的主力，其他税种所占的比例较小。美国和澳大利亚均设置有专门的燃油税税种；在英国，消费税和增值税主要构成燃油税；在日本，燃油税主要是汽油税等，其他欧洲国家的燃油税主要是消费税和增值税。燃油税多采取从量定额征收方式，税费占燃油价格的比例较高。从量征税虽然会导致在燃油销售价格提高的情况下，政府收入不能够相应增加，但也使得消费税的计算比较简单。因此，大多数国家都实行从量征收。印度的汽油、柴油消费税征收就是采用这种形式，印度燃油税税率设置的基本原则是汽油税率较高，柴油略低于汽油，而煤油、液化石油气则适用低税率。这主要是由油品消费者的不同而决定的，汽油多是私人消费，基本上是道路使用；柴油多是产业部门使用，作为中间产品，不应设置较高税率；而生活用的煤油等产品要制定低税率（甚至免税），以保障低收入阶层的生活[117]。

各国的税率差异很大。美国对汽油消费税按每加仑 0.184 美元征收；英、日、德、法等国为鼓励消费者节约用油，刺激汽车生产商研制低油耗车型，征收较高的税率，如英国税率是 73%，油价约为每升 12.2 元人民币；日本税率是 120%，油价约为每升 7.5 元人民币；德国税率是 260%，油价约为每升 11

元人民币；法国更是达到了300%，油价约为每升10元人民币。

燃油税的税收分享，就目前各国现状分析，可归纳为如下两种情况：一是由中央和地方分别征收燃油税等交通运输税收。如日本运输领域的税收分布在国家和地方政府三个级次中，国税层次设有石油消费税、机动车辆吨位税等；地方层次也征收类似的税收，包括机动车辆税、汽车购置税、轻油缴付税等。美国也是在联邦、州和地方分别征收汽油税。二是单独由中央政府征收，保持税政的统一。澳大利亚的燃油税主要由联邦政府来收取，新西兰地方道路建设资金中有来自国家道路基金的，主要是由其中央政府通过转移支付制度转移给地方的。该国中央政府在确定各地的转移支付数额时，主要考虑两个因素：一是需要，二是支付能力。对于有些较富的省份而言，其公路计划中可能只有43%的资金由道路基金提供，而对于某些穷的省份而言，则可能有68%的资金来源于道路基金。国家交通委员会对道路基金的使用一般要进行严密的监督，在交通委员会设置的审计部便主要负责此事。

从各国燃油税政策的实施情况来看，也存在如下三个问题：一是燃油税本身无法和“受益者付费”的原则相吻合，因为其无法让道路使用的费用与成本一致，燃油税未考虑道路使用的时间和空间，而实际上不同时间使用不同道路的成本并不一样。有关高速公路成本分配的研究表明，大型车辆对路的损害严重应多付费，但实际上常常是由小型车多付费来弥补大型车付费的不足。二是燃油税无法解决城市的交通拥堵问题，还要依靠地方收费等政策。三是燃油税虽然能有效促进外部成本内部化，但对于大多数与运输相关的外部性问题来说，它并不是一项最优的政策。例如，在减少车辆污染排放方面，最常用的政策工具还是制定排放标准。

（7）石油暴利税

石油暴利税主要是为了调控垄断石油行业的高额利润而征收的税。在一些产油大国，收取暴利税的做法比较普遍，特别是在石油价格上涨时，国家通过征收暴利税，将石油的溢价部分收归国家财政，调节社会收入分配失衡的状态。征收暴利税的主要依据是这些企业获取的巨额利润源于其所占据的垄断资源。不少国家对石油产业征收暴利税，并根据国际油价的涨落增加或取消暴利税。如美国在1980年油价暴涨的时候曾经施行，到1991年油价大幅回落后政府又将其废除[118]。随后几年，为应对国际市场原油价格高涨，美国也在进行是否重新征收暴利税的讨论。石油价格的上涨增加了居民取暖成本和汽油支出，2006年初，美国立法者提出对石油公司征收暴利税的提案，然而美国总统布什驳回了这一提案，表示石油公司应当运用超额利润投资设立新的炼油厂。2008 年 5 月美国民主党联邦参议员又提出对国内 5 家石油公司征收暴利税提案，因共和党议员强烈反对而遭参议院否决。对此，2008 年当选美国总统的奥巴马则表示，支持对石油公司征收暴利税，指责共和党人阻碍议案获得通过是对美国老百姓所处困境“熟视无睹”。随着国际原油价格大幅波动，美国国会就是否征收暴利税展开了辩论和投票。实践表明，由于石油暴利税的收取是把“双刃剑”，往往会挫伤本国石油企业的增产积极性，因此，美国没有恢复对油气行业暴利税的征收。又如厄瓜多尔 2007 年 10 月 4 日宣布将原定与各外国及私人油气企业的超额油价（类似暴利税）分成比例由 50% 提高到 99%，只给企业留 1%。加拿大对油气资源征收石油收益税（暴利税），税率为 16%，按照收益率（或利润）超过一定的界限开始征收。近年来，由于开采“石油暴利”已成为一个传说，即使是常规油气，其利润空间也大幅收窄，而对于投入大、成本高的深水项目则是更甚。石油暴利税其征收目的在于调控石油行业的高利润，现如今在国际油价不稳定的情况下，石油暴利税也许将不复存在[119]。

（8）红利

红利又称租金红利，是在矿业权招标出让过程中，中标人向所有权人一次性支付的现金。它是一种矿业权出让收费，是通过附带权益的形式表现出来的权利金的补充支付或是提前支付，可以理解为是一种“一次性权利金”，是缴纳权利金的一种特殊形式。国外几乎所有的矿业大国都实行这种制度，一般价格按土地面积支付，价格受资源外部条件及品位影响较大，中国的探矿权、采矿权价款性质与此类似。

（9）水土保持补偿费

水土保持补偿费是指在山区、丘陵区、风沙区以及水土保持规划确定的容易发生水土流失的其他区域开办生产建设项目或者从事其他生产建设活动，损坏了水土保持设施、地貌植被，不能恢复原有水土保持功能，应当向水行政部门缴纳的费用，国外实行水土保持补偿费的主要有美国和澳大利亚。美国实施了《水土保持法》《水灾控制法案》《自然资源保护法》，其中包括水土保持内容。澳大利亚从 20 世纪 30 年代起各州成立了水土保持局并相继颁布了《水土保持法》，《水土保持法》经过多次的修订，成为指导水土保持的准则。《水土保持法》规定无论是国家单位、政府领导，还是土地所有者、普通公民，对土地都无权滥用，对损失土地、造成土壤侵蚀、妨害公共利益的行为，政府有权干涉；建立政府投入及补偿机制，投入和补偿机制是开展水土保持工作的基本保障，包括明确中央政府投入、地方政府投入、水土保持基金、捐助等以及水土保持补偿内容、标准、方法与途径等；规定企业在开矿前必须先向政府交纳一笔押金，相当于中国的水土流失防治费，并提交环境保护方案和治理措施，认真组织实施，如矿主不按照规定治理、复垦，政府则使用押金进行治理；规定无论任何建设项目，在征地范围内要预留出10%的绿地面积；处罚面广且严厉，若发生严重的违法行为，对法人可以判处100万澳元的罚金，对自然人可判处25万澳元罚金，对直接犯罪人可判处高达7年的有期徒刑。

（10）环境税

环境税也称生态税、绿色税，是20世纪末国际税收学界才兴起的概念，没有一个被广泛接受的统一定义。它是把环境污染和生态破坏的社会成本，内化到生产成本和市场价格中去，再通过市场机制来分配环境资源的一种经济手段。美国和欧洲国家逐步通过税收手段来解决环境污染问题，至今已形成了一套较为完善的环境税收制度和体系。在环境税的征收管理上，各国政府非常严格。它是由税务部门统一征收后上缴财政部，再由财政部将其进行分类，分配到普通基金预算和信托基金，纳入信托基金的环境税收入再拨到下设的超级基金。超级基金是一项根据企业的经营收益状况，以环境保护为专项支出的大型基金。根据超级基金的规定，对收益超过200万美元的企业，应就其超过部分缴纳税款，税率采用比例税率为0.12%。环境税税款由环境保护部采用专款专用的形式来管理，主要用于环保支出。对于环保资金的使用，每年都要编制预算，并由审计院对预算的执行与资金的使用情况进行监督。

（11）弃置费

弃置费用也称弃置成本、资产弃置义务，通常是指根据国家法律和行政法规、国际公约等规定，企业承担的环境保护和生态恢复等义务所确定的支出，如核电站核设施等的弃置和恢复环境义务等。油气企业在其生产的过程中对环境不可避免地会造成破坏，而且这些企业在其生产结束后同样要对其生产设施进行弃置。油气企业应当对其弃置行为履行义务，将环境外部成本内部化的前提条件就是要求企业在会计领域对企业的资产弃置费进行合理的处理。

美国财务会计准则委员会（FASB）于1977年12月发布了FAS19——《石油天然气生产企业的财务会计与报告》，第一次就油气行业特殊资产的计价、矿产权益转让中的收益、费用等作了全面、系统的阐述。其中，FAS19第37段规定了报废、恢复和废弃处理成本（DR&A）的处理方法，即在计算折旧、折耗和摊销时，应估计报废、恢复和废弃处理成本与设备残值。尽管有此规定，但因准则未对油气开采企业如何进行实物操作做出详细说明，导致很多企业实际处理并不一致，最终致使财务报表信息无法可比。对此，FASB 于2001 年 6 月正式发布了 FAS143——《资产报废债务的会计处理方法》，由此统一了资产弃置负债的概念、适用范围以及会计处理方法。

英国很多企业在 20 世纪 70 年代就开始讨论与资产弃置义务有关的问题，但是直到 1988 年英国 OIAC 发布的 SORP3《实物建议公告——善后处理成本会计》中才规定企业应该于相关生产设施的生命周期内在资产负债表中逐渐为最终的善后处理成本建立准备，为的是使设备在停止使用时将累计准备应用于善后处理支出。20 世纪 90 年代，英国会计准则委员会（ASB）发布的《第12 号财务报告准则——准备、或有负债和或有资产》中要求，无论弃置义务是法定或是推定的，企业都应当对现时义务计提准备，而且将准备的金额予以资本化。2000 年，英国石油行业会计委员会发布了 SORP2000《建议实务公告——石油天然气勘探、开发、生产和放弃活动会计》，在其第 64 ~ 67 段规定："计提的未来废弃成本准备，应当视为获得未来经济利益而进行的总投资的一部分，所以应建立'善后处理资产'账户，并成为总成本中心的一部分"。

5.1.2 油气通用税费

油气通用税费是对不同行业的企业均普遍适用的税费，主要包括增值税、消费税、公司所得税、关税及其他税费制度。

（1）增值税

增值税是以商品生产和流通过程的价值增加额为课征对象的一种流转税。增值税有消费型、收入型和生产型三种，国外大都采用消费型增值税，即进项税额从销项税额中全额抵扣，中间环节的生产加工企业不负担任何增值税，增值税实际是由最终消费者承担。因此，理论上增值税税率的高低不影响企业正常生产经营活动，也不会给企业造成负担。目前法国、挪威、英国、加拿大、印度尼西亚、墨西哥、巴西和阿根廷等部分产油国家对石油产品征收增值税，美国等少数国家对石油产品免征增值税。究其原因，主要是考虑到石油公司经营的特殊性，即油气勘探与生产是资本密集型行业，同时油气资源由地下采掘出来既无物理变化，也无化学变化，难以把握增值尺度。经合组织（OECD）国家的石油行业主要采用消费型增值税，其特点是，在计征时允许将固定资产购置时已纳税款一次性全部扣除，税率一般为 20% 左右（英国的税率为 20%，德国为 19%)[120]。

（2）消费税

消费税又称成品油税，主要是针对消费石油产品的行为而征收的税，其目的是为了调节油品结构、控制石油的过度消费、保护环境安全；也有的是为了筹措交通维护经费。具体包括燃油税、汽车购置税、汽油税和养路税等。

根据各国的政策目标不同，石油消费税可分为以下三种类型[121]：

一是为保护环境而征收石油消费税。主要是经合组织（OECD）国家，它们在其与汽车相关的税收体系中注重考虑环境保护。各国的具体做法不尽相同，有些国家是根据引起大气污染的废气排放水平、CO_2的排放水平或燃烧效率来确定税率；有些国家是对低排放废气的车辆或电动汽车实施税收减免；有些国家对柴油车征收高额税而对汽油车征收低额税，并以此调节汽油和柴油的比例结构。

二是为控制石油过度消费而征收的石油消费税。欧洲和日本由于本地区缺乏油气资源，为了控制石油的过度消费，采取了高燃油税政策。汽油税率方面，俄罗斯为 70%、英国为 73%、西班牙为 100%、法国高达 300%。消费税的征收一方面通过高油价限制了对石油的过度消费，另一方面也刺激了节能技术的创新与应用。欧洲和日本在燃油上的税收远远高于美国，这是这些国家人均能耗和能源强度都远低于美国的主要原因之一。

三是为了筹措交通维护经费而征收石油消费税。日本与汽车相关的税收繁杂，但大多都是为了筹措交通维护经费而征收的。与汽车相关的税收主要有九种，按照课征对象可以分为车体税、燃料税。车体税又可分为两个阶段：一个是汽车取得阶段缴纳的税费，这项费用在购车时缴纳一次，包含消费税、取得税（2019 年 10 月 1 日起取消）、环境性能税（2019 年 10 月 1 日起新增）；另一个是保有阶段，这项费用需要逐年或逐次缴纳，每年 4 月份每位车主都需自行缴纳汽车税或轻型汽车税，在每次车检时缴纳汽车重量税。燃料税是汽车行驶阶段涵盖在燃料费用之中的税费[122]。新西兰则只对汽油、天然气和少量液化气征收燃油税，纳税人为石油进口商和燃油生产销售厂家，燃油税实行定额税率，每千克汽油征税 32.3 新分，车用液化气、天然气的定额税率与汽油相同。按照国际惯例，燃油税是一项以提高油品价格来控制消费总量、提升能源使用效率的财税政策。国际经验表明，推行燃油税不但可以推动汽车节油事业的发展，而且对国家筹集交通维护经费有重要意义。此外，美国、加拿大、日本等国还对天然气征收消费税。

（3）公司所得税

公司所得税是对石油公司获得利润征收的税种。所得税是石油税制中重要税种，绝大多数国家和地区都对石油公司征收所得税。对石油公司征收所得税大体分为两种情况：一是作为征收对象的应纳税所得是指扣除明确规定的生产成本和旨在提供优惠的补贴减让之后的部分。二是在采用产量分成合同时，往往将所得税包含在国家石油公司获得的利润油份额中，由国家石油公司代替订约公司向政府缴纳。所得税的征收方法大体有两种：一种是与一般企业所得税征收方法相同，执行统一的企业所得税法，发达国家和多数发展中国家都采用这种方法。在经济全球化趋势下降低企业所得税税负是税制改革方向，2009 年左右，发达国家的公司所得税税率一般在 30% ~40% 之间，到 2021 年，世界上大多数发达国家的税率普遍下降，但也基本都高于 15%，欧洲国家的公司所得税税率要比别的地区低，许多发展中国家的公司所得税税率高于全球的平均值。印度尼西亚政府 2018 年颁布了新的《税法》，规定对矿业公司执行 25% 的税率。同时，矿业公司还需要向中央政府缴纳净利润的 4%，向地方政府缴纳净利润的 6%。一般来说，那些较大的、比较发达经济体的公司所得税税率要比那些比较小的或者欠发达经济体的公司所得税税率要高，通常是高于全球平均值。由全球最富有的 7 个国家组成的 7 国集团的公司所得税的法定税率的平均值为 27.63%，按照国内生产总值加权后为 27.21%；经济合作与发展组织成员国的公司所得税法定税率的平均值为 23.93%，按照国内生产总值加权后为 26.58%；金砖国家的公司所得税法定税率的平均值为 28.4%，按照国内生产总值加权后为 27.33%。另一种则是按专门制定的石油法或石油税法征收专门的石油所得税。采用这一方法的国家主要是那些以石油收入为主的产油大国，以欧佩克成员国和一些发展中的新兴产油国为主，如马来西亚。这些国家的所得税税率一般都较高，多在 40% ~60% 之间，个别国家最高税率高达 85%，如阿尔及利亚、哈萨克斯坦等。

在税率确定的情况下，影响所得税的主要因素是应纳税所得额的确定，即应税收入和支出扣除项目的确定，尤其是在费用的扣除方面，各国做法不一，大体可归纳为三种情况：

一是对勘探和开发费用的处理，包括：勘探费用在产油后一次性作为成本扣除，开发费用原则上在发生当年扣除；勘探费用在产油后一次性作为成本扣除，开发费用作为无形资产分期摊销；勘探和开发费用均作为无形资产在一定年限内摊销。

二是实行“篱笆圈”政策，即每个油田或区块都作为一个独立的核算单位，某一区块的损失不能用其他区块的收入来弥补；或者把油田收入与其他收入加以区别，分别核算等。这一政策主要是为了保障政府收入，对石油公司的发展不利，因此，很多曾实行过这一政策的国家都已取消了这一做法。

三是允许资源折耗宽让。也称为资源枯竭津贴，是税法对石油等资源采掘工业给予的一种税收优惠[123]。由于石油等自然资源是有限的，生产过程中产量越高，剩余可采储量就越来越少，即资源在不断发生折耗，这种资源折耗价值就包含在公司缴纳的所得税中，并非企业的实际经营利润。因此，应允许以某种形式从税款中收回，其计算方法主要有成本折耗法和百分比折耗法，后者便于操作，因而为多数国家所采用[74]。如美国1954年《税法》规定，允许石油公司按总收入的27.5%作为储量折耗扣减税前收入，该百分率在油价上升期间不断降低，1984年为15%，油价下跌时又有所提高，发展到后期，为鼓励油气生产者不断勘探新的油气资源，生产更多的石油，美国政府允许投资者将油田视为固定资产，按一定的油气比例进行耗减，直至耗减数额等于投资者的找油成本为止。

（4）关税

关税是引进出口商品经过一国关境时，由政府所设置的海关向其引进出口商所征收的税收。对油气出口征收关税，目的或是增加国家收益，或是限制油气出口[75]。在国际油价剧烈变化的情况下，各国政府都会及时对油价重新评估，以适时调整关税。比如：哈萨克斯坦对出口原油征收1%～33%的出口税，当国际油价低于每桶19美元时，适用1%的最低税率，当国际油价为每桶40美元以上时，适用最高税率33%[80]。但自2020年以来，新冠肺炎疫情导致国际石油消费市场萎缩，一方面，国际原油价格下跌导致哈萨克斯坦出口石油利润降低；另一方面，哈萨克斯坦国内采取的疫情防控措施导致本国石油产品消费减少，为稳定出口，哈萨克斯坦政府决定不对石油制品出口收取关税，“零关税”政策持续至2020年底。

纵观国外主要产油国油气税费，由于各产油国油气资源状况、油气开发程度、经济政策和政治体制等方面情况的不同，各产油国在油气税费的设置、税率、计税依据、税收优惠以及征收管理等方面的宽严程度有很大区别。这种宽严程度的差别决定了政府与石油公司之间利益分配格局，决定吸引外资的程度，也直接影响本国石油工业发展程度。就政府与石油公司之间利益分配规律而言，油气资源及其他方面条件较差的国家税费制度比较宽松，政府取得税费收入较低；相反，油气资源及其他方面条件较好的国家税费制度比较严格，政府取得税费收入较高，油气税费往往成为这类国家财政收入的主要来源。

5.2 国外油气税费模式

国外油气税费制度发展至今，根据油气资源使用者获得资源方式的不同，可以划分为租让制与合同制两种模式。国外油气税费制度分类如图 5－1 所示。

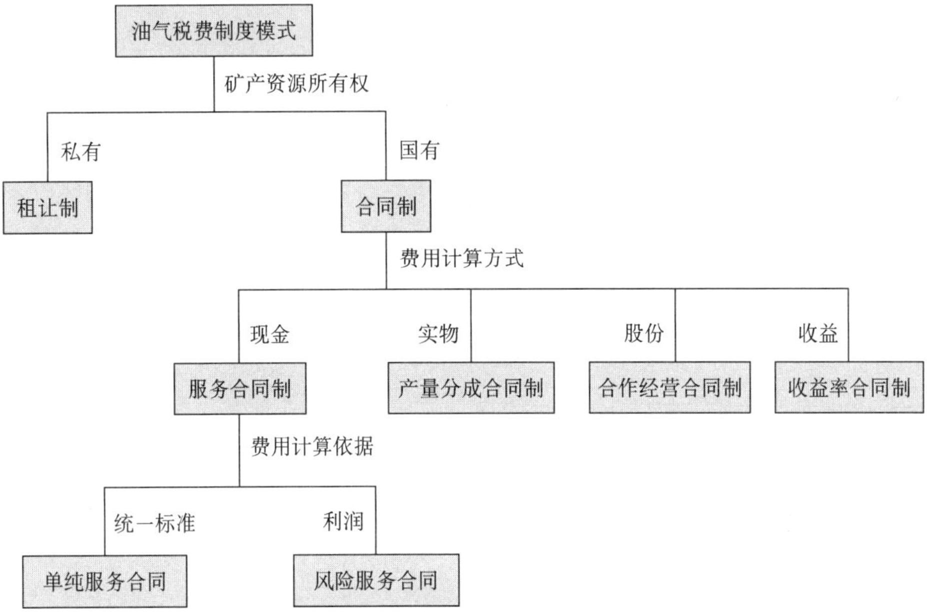

图 5－1 国外油气税费制度分类图

5.2.1 租让制

租让制是世界上油气勘探开发最早使用的一种合同形式。它是政府通过招标把有待勘探、开发的区块租让给石油公司，石油公司在一定期限内拥有该区块专营权并支付矿区使用费和税收的一种制度。在租让制合同下，资源国政府允许私人获得矿产资源的所有权，矿产所有者将矿产权转让给石油公司，而石油公司向矿产所有者支付矿区使用费，承包商承担风险，拥有全部油气的所有权。

租让制合同特点有四：一是石油公司在限定的区域内获得勘探、开发、生产和销售所有碳氢化合物的权利；二是政府收取固定费用；三是承租的石油公司在作业经营各方面都拥有实际的完全管理权；四是勘探、开发以及经营所需的全部资金均由承租的外国石油公司直接以股权投资方式提供。租让制先后出现了早期租让制、改良型租让制和现代租让制三种合同类型，目前仅采用现代租让制合同。

美国是实行租让制的典型国家，在租让制下，美国的石油公司需缴纳的税费项目主要有定金（签约定金）、土地租金、矿区使用费、地方所得税和联邦所得税、生产税、开采税、财产税、从价税和社会保险税等[124]。

5.2.2 合同制

(1) 服务合同制

服务合同可以划分为单纯服务合同和风险服务合同两种，是根据对石油公司所得的计费依据是统一标准还是利润，或服务商是否承担勘探开发的服务风险来划分的。单纯服务合同是一种典型的作业服务合同或收益率合同，由国家出资，风险也由油气资源国承担，石油公司承担全部的勘探或开发工作并收取费用。单纯服务合同相当少见，中东各国由于资金充裕而缺乏经验和技术，常采用这一合同类型。风险服务合同则是由石油公司提供与油气资源勘探开发有关的全部资本，如果勘探获得商业性发现，政府允许石油公司通过出售油气收回成本，并按剩余收入的一定比例向石油公司支付酬金，而全部产量属于政府，一般石油净进口国经常采用这种合同。在风险服务合同下，油气资源国不承担任何风险，所有风险均由石油公司承担。

伊朗是实行风险服务合同制的典型国家，目前投资伊朗石油上游工业的主要方式是签订回购合同[125]。伊朗的回购合同是一种特殊的合同模式，它既不是产量分成合同，也不是单纯服务合同，而更像是一种风险服务合同。回购合同项目分勘探和开发两个阶段。勘探阶段，石油公司承担勘探投资并独立承担勘探风险；开发阶段，石油公司按照预定的比例以货代款回收资本投资，其没有油价风险，由政府全部承担。回购合同允许油田进行滚动勘探开发，但在获得政府批准前，资本预算不得超支，否则超支的部分由石油公司承担。这种合同模式对项目的风险收益上限进行了封顶，同时将项目勘探开发过程分段进行招标，上一段的承包者不一定能进入下一阶段的工作；该模式对于开发项目还可以接受，但对于勘探项目，承包商将面临很大的风险，因此，外国投资者对伊朗的勘探项目投资兴趣不高，而热衷于开发项目。2004 年 1 月 28 日伊朗在荷兰海牙召开会议，公布伊朗新一轮勘探招标区块情况，并对回购合同的某些规定做了一定的调整，推出了新的勘探开发合同模式，调整后的回购合同在一定程度上更有利于伊朗石油工业的对外合作。新的合同模式将勘探开发阶段合为一体，使投资人在勘探阶段有了商业发现，有权直接进入开发阶段，减少了投资者的风险。在伊朗的风险服务合同制下，其税费项目主要有营业税、城市建设附加费、社会保险基金、少量的财产税和印花税以及所得税等。2015 年伊朗石油部在德黑兰召开会议，推介新版石油合同框架，并对新合同的重大改变做了介绍说明，开发合同期限延长至 20 年，推出综合勘探、开发和生产为一体的新型服务合同，允许国外企业在生产阶段与资源所有国共同经营和管理，取消了原有的预设资本投资，改为将报酬与油价相挂钩的灵活计酬制度，同时鼓励转让和共享先进技术，给予高风险和提高采收率项目特别激励等。

（2）产量分成合同制

由于石油资源在国民经济中的重要性，以及国际原油价格波动和国家间政治因素的影响，石油开采公司越来越重视产品——原油的获得。因此，在油气资源的合作开采中，产量分成合同是比较常见的合同类型。产量分成合同，是指在油气资源国拥有石油资源所有权和专营权的前提下，石油公司承担勘探、开发和生产成本，并就产量分成与油气资源国政府签订的石油区块勘探和开发合同。世界上采用产量分成合同的国家最多（如印度尼西亚、法国、印度、土库曼斯坦等），采用产量分成合同与租让制合同的比例为 5∶1。

产量分成合同特征有七：一是能源国拥有资源的所有权，政府主管部门或国家石油公司拥有石油勘探、开发、生产、运输和销售的专营权；二是以签订的开发合同，作为石油公司在合同约定区域内从事石油勘探、开发和生产作业的依据；三是石油公司承担勘探风险，若有商业性发现，还要承担开发和生产费用；四是全部产量划分为成本油和利润油两部分，由油气资源国政府与石油公司按合同规定比例分成；五是用于合同约定区域内石油作业的全部设备和设施通常属油气资源国所有；六是油气资源国政府通常拥有管理权和监督权，而日常作业管理由石油公司负责；七是石油公司如果盈利，将向油气资源国缴纳所得税。与其他合同类型相比，产量分成合同最鲜明的特征是成本回收限制和利润油分成。产量分成合同较好地将资源国政府的所得和外国石油公司的石油产量紧密地结合起来。在实际应用中通常按不同的产量规模约定不同的分成比例，对外国石油公司的前期和开发生产过程中的投入回收，都有比较明确的规定。

印度尼西亚是最早制定和实施产量分成合同的国家，成为其他产油国制定产量分成制合同的蓝本。与其他国家相比，印度尼西亚的产量分成合同具有以下特点：一是没有矿区使用费，但有“头份油气”；二是没有成本回收限制；三是外国石油公司只需缴纳所得税，其他税赋由印度尼西亚国家石油公司代缴。最为著名的是85:15的政府收益比分割，该分割可以随着油气成本的变化而保持不变。印度尼西亚政府于2017年又推出了一种新型合同模式，即毛利润分成合同，这一新型合同模式允许合同者在得到相关机构批准后可以自行采购设备，同时，无须考虑成本回收机制。此外，为赢得合同者的青睐和提高合作效率，作业者被给予了一定的财务自由裁量权。2020年7月，印度尼西亚政府对新签合同种类进一步放宽，投资者可自主选择合同模式，在未来一段时间内，该两种合同模式将在印度尼西亚并存[126]。

（3）合作经营合同制

合作经营合同，是指油气资源国为吸引外来投资，引进先进技术，政府以资源、设备和人员入股，外国投资者以资本和技术入股，合作勘探、开发油气资源而签订的一种合同。合作经营一般都有政府参股，按承包成本大小可归纳为三种：一是单纯合作经营合同，此合同制极为少见，所有的成本和风险由油气资源国和石油公司共同承担；二是典型合作经营合同，是目前最常见的形式，石油公司要承担勘探费用和风险，政府在勘探后获得附股权，石油公司可收回勘探成本；三是俄罗斯式合作经营合同，此合同制下，由生产联营伙伴全额承担开发成本，政府在勘探和开发后获得附股权。采用合作经营合同制的国家有埃及、伊朗、伊拉克、俄罗斯、委内瑞拉、毛里塔尼亚、哥伦比亚、厄瓜多尔等。

俄罗斯在早期主要采用如下经营模式：政府以资源和设备入股，外国投资者以资本和技术入股，双方以1:1的比例组建合资公司[127]。石油公司缴纳矿区使用费，成本得到回收后，所得的利润油按照条款中规定的比例分割，石油公司占较大份额。政府作为合伙人，也可以按比例获得成本油。石油公司的利润份额油，要按照经营权益比例与政府进行再分割，这次分割才是真正意义上的合作经营协议的分割。在俄罗斯进行开发的石油公司获得的总收入，扣除直接的公司税收和成本后得到的净收入，政府和石油公司再对其按比例进行分配。合资公司所获的净收入，在投资回收之前，政府与投资者按1:9或3:7的比例分配；在投资回收后，政府与投资者平均分配。

(4) 收益率合同制

收益率合同制，属于服务合同制的一种，是指基于项目收益率的递进税制度或分成方案合作勘探、开发油气资源而签订的一种合同。在收益率合同制下，政府的收益比可以随项目收益率的提高而增长，滑动税收和其他灵活性尝试都应依据获利指标而不是产量指标来计算。收益率合同以适中的矿区使用费和其他税收为特征。在石油公司回收原始投资并达到预定的临界收益率之前，油气资源国政府除矿区使用费和税收外不再有其他收入。而政府的有效收益比可以随项目收益率的提高而增长，在达到预定临界收益率以后，就要征收附加税，通常为资源报酬税，但石油公司仍可获得部分超过临界收益率的利润。

收益率合同最大的优点是保证了石油承包项目的最低投资收益率，使政府的有效收益比随项目获利性的提高而稳步增长。其缺点是对项目收益的限制性太强，临界收益率将石油承包项目潜在的权益上限定位在不合理的低水平上。

巴布亚新几内亚是实行收益率合同制的典型国家。该国相关制度规定，政府要收取 1.25% 的矿区使用费和 22.5% 的干股权益。在承包公司的收入达到其原始投资的 25% 之前只征收 35% 的基本所得税；当承包公司的收入达到其原始投资的 25% 之后开征 50% 的基本石油税（BPT）；如果承包公司的收益率超过 27%，还要加征 50% 的资源报酬税，该税也可称作附加利润税，也被称作引发税，即达到一个临界收益率时就会引发该税的征收，这是收益率税收制度的标志。

5.3 国外油气税费的启示

油气勘探开发是一个具有特殊性质的行业，诸如投资开采的高风险性、开采与输送的巨额资本需求、相当长的投资准备期及投资偿还期、储量的可耗竭性等。因此，在制定油气税费制度时必须认真考虑和研究石油工业发展的特点。经过多年的实践探索，国外主要产油国根据国情及油气行业特点逐步形成了有别于其他行业的油气税费制度，对研究中国油气税费具有一定启示与借鉴，归纳起来主要表现为：

(1) 通过税费等制度保障油气资源发展战略的实施

美国、日本、韩国、印度、俄罗斯、加拿大等主要产油国或石油消费国都着眼于长期战略需要，根据本国的经济社会状况、能源储备、能耗效率、未来能源需求、环境制约等因素，综合制定本国的油气资源发展战略。纵观全球的油气资源发展战略，可归纳为：积极开拓海外市场、促进国内资源的开发与利用、提高能源利用效率、控制温室气体排放、开发利用替代能源和可再生能源，增加战略储备等，这些战略的实施有赖于配套的税费等政策加以调节。其中，以税费制度强化石油战略储备建设为例，一方面为了减少石油价格浮动对财政收入造成的影响，各国尝试建立石油稳定基金，税收成为国家石油储备资金的重要来源。如：墨西哥政府早在2000年就决定建立石油收入稳定基金，石油增值税和石油所得税收入的40%纳入石油收入稳定基金。墨西哥将从其2020年主权石油对冲基金中获利约25亿美元，这是过去20年来的第四次获利。过去20年来，墨西哥通过从一小批投资银行和石油公司购买石油看跌期权使自己免受油价下跌的冲击，这些交易被认为是华尔街规模最大、最严密的石油交易。墨西哥通过石油对冲和预算收入稳定调节基金，墨西哥稳定与发展石油基金余额相较于2019年，同比增长8.25%。建立石油收入稳定基金使墨西哥政府能够以丰补歉，应付今后油价下跌造成的困难[80]。日本石油消费量很大，自给率很低，进口率占99.6%，其中又有77.3%来自于中东地区，石油安全问题一直受到历届政府的高度重视，日本的地下油库储量丰富，仅37万平方千米的土地上就储有5亿多桶原油，为筹集石油储备资金，设立石油专门账户，政府石油储备所需的资金，主要是靠1978年设立的石油税筹集而来，该税的征收是针对所有的原油和进口石油产品，后又施行对LPG和LNG进行征税。另一方面对石油储备给予税收优惠，如日本免征储备石油进口环节税，并允许石油储备设施加速折旧等。

（2）通过征收税费矫正油气资源开发利用的负外部性

研究国外的油气资源生态补偿相关法律规定可以发现，发达国家政府非常重视发挥自身的主导作用，对生态补偿投入很多资金，通过制定配套法律和政策，保证生态补偿资金落实到位，同时也非常重视市场机制的作用，如探索碳排放权交易市场。随着矿产资源开采环境问题的日益凸显，西方国家资源税费的调整思想逐渐向外延伸，除了加强对矿产、油气开采环节的税费控制外，更将目光集中到资源的后续使用以及由此带来的污染内化问题，运用税收手段调整资源利用的各个阶段，以促使自然资源的高效、持续利用。如美国开征的燃油税纳入生态税制，以防范石油资源的过度消耗，同时有助于维护空气质量。丹麦、法国等国形成能源税、碳税、硫税三税一体的税制格局，对因为矿产资源的任意开采以及过度消耗而伴生的严重环境污染，特别是大气污染有一定控制作用。

（3）通过多样化的税费制度鼓励油气资源勘探、开发和利用

由于油气勘探开发是一项具有高风险性、以营利为目的的经济活动，其税制的制定既要服从一般性的税制规定与要求，又要体现这一行业的特殊性及政府对其发展给予的鼓励政策[128]。为此，大多数国家在制定税制时给予这一行业诸多的优惠，在矿区使用费方面对勘探开发条件差的油田、低产油田、开发中后期油田、边际油田等低收益或高风险油田实行减免优惠，降低油气开发成本，特别扶持和补贴老油田的二次开采建设。例如，加拿大矿区使用费根据不同情况费率有所区别，设置费率与规定的价格水平同步增长的滑动制矿区使用费，并根据地区、海洋和陆地、水深以及离岸距离等自然和地理方面生产条件的不同而采取不同的费率；费率还根据原油质量（比重）不同而不同，包括轻油和重油费率不同及费率根据 API 度进行上下滑动，新老油田采用不同的矿区使用费等。通过税费优惠鼓励油气勘探开发，提高资源收益，提高石油生产或原油价格竞争力，减少进口石油依赖，有利于油气企业的增收。

此外，对天然气勘探开发企业给予税费优惠。虽然各国都规定了较高的消费税或增值税税率，但对商业性天然气均规定有不同程度的优惠。美国为了减轻油气企业税负，允许企业扣减一定的费用和资产损失。例如，纳税人可以扣减掉资产折旧费用。油气公司采用百分率折耗法来扣减一些费用和资本损失，这种方法考虑了开采资源过程中造成的地下资源减少情况。除了根据“百分率折耗法”确定的折旧之外，美国税收法典也准许油气公司进行油田设备加速折旧。加拿大对于页岩气开发等高风险投入的矿产行业给予税收补贴鼓励，投入当年减免税率为 100%，相当于生产前全额减免税率；在生产期，政府还会对高风险、低收益的项目进行一定的税额减免，最高减免额度为项目当年缴纳税额的 30%，以体现对天然气工业发展和消费的鼓励政策。[129]

（4）通过税费优惠鼓励开发低品位油气资源

国外税费制度中普遍存在税费优惠政策，市场经济发达的国家大都对矿产资源的开发利用实行保护性的税收减免政策，如允许固定资产加速折旧、允许矿业开发费用的加倍摊销、允许在应税所得中扣除资源耗竭补贴等。对于贫矿、老矿，勘察开采难度大等矿区实行税费的减免措施（这部分矿产的勘察开采需要投入大量的人力、物力，而取得的利润相对较低）。国外税费优惠措施主要有资本设备折旧、折耗补贴、环形篱笆、税收稳定计划、勘察支出结转、环境复垦和闭坑成本、贷款利息扣除、免税期、亏损向前结转和向后结转

等形式。如美国1989年对低产井、重油、边际油井和用三次采油技术提高采收率的，支出资本的10%可以用于税收抵免。美国还规定，日产油1000桶以下的公司，可获得产量15%的耗减税减免。俄罗斯规定地区开采的石油不需要缴纳采矿税，超级黏性油不征收采矿税，计算所得税时，损失可以结转时间为10年。澳大利亚对发生在指定海上边境区域的油气勘探支出给予150%的资源税扣除等。

（5）通过完善税费体系实现生态环境保护目标

发达国家倡导绿色税收，各国通过多种税费实现生态环境保护的不同目标。征收范围主要涉及油气资源有效开发利用和污染防治两大领域。前者税费种类主要包括：权利金、资源超额利润税、水资源税等；后者主要涵盖：水土保持补偿费、环境税、保证金、弃置费、资源耗竭补贴等。其中，权利金体现了矿产资源开采使用者向矿产资源所有权人支付的一种损失补偿金，有利于促进矿产资源开采使用者科学合理地开采矿产资源；水资源税体现对资源价值的重视，对节约水资源、维持生态平衡和保护环境有着很重要的影响；资源耗竭补贴成为发达国家实行优惠政策的普遍方式，在引导矿业企业保护矿区环境、有效开采矿产资源和鼓励矿区企业寻找新资源以弥补资源枯竭等方面发挥一定作用；保证金归矿业企业所有，督促矿业企业自行治理和恢复矿区环境；计提弃置费是国际石油公司的普遍做法，是在确认企业为生产而设立的相关设施的价值时根据各国环境保护方面的相关法律规范，以当前的技术水平，客观且合理地预测在弃置相关设施时所要发生的必要支出，并且按照相关折现率进行折现，以折现之后的设施价值计入资产，以防止油气生产设施废弃处置不当造成环境污染和破坏等。

（6）通过消费税、燃油税引导消费，保护生态环境

消费税、燃油税在各国油气税制中的地位越来越重要，面对油气资源消费需求的进一步扩大，各国政府从各自不同的目标出发，采取或正在考虑采取不同的税收调节措施，主要是通过对油气产品征收级差消费税、燃油税的方式，提高其生产成本，用价格机制限制损害生态环境和资源过度消费，鼓励保护资源环境的“绿色消费”，将油气消费给环境、社会带来的负面影响降到最低，有效地发挥了政府对市场的正确引导和培育作用。

（7）通过税收优惠引导企业保护资源和环境

国外税费制度中普遍存在税收优惠政策，各项补贴特别是矿区耗竭补贴制度成为发达国家实行优惠政策的普遍方式。国外矿业企业的税收优惠政策较

多，主要是通过鼓励政策引导企业开发者保护矿区环境、发展矿产资源的循环经济，税收优惠是税收制度中的重要组成部分。实施税费优惠政策主要目的是引导矿业权人科学合理地开采资源，鼓励矿区企业寻找新资源弥补资源枯竭。

（8）通过差别税率有效调节油气生产和消费

差别税率在主要发达国家的环境税费制度设计中应用十分普遍，其不仅体现在不同行业之间的税收差别，即使同一税种中的不同产品，甚至同一种产品，都可能存在很大的税收差别。由于各地的气候条件、油气资源开发品位和作业程度不同，其环境自净能力各异，同样数量的污染物在不同地区、不同作业程度造成的损害也有所区别，社会公众对清洁环境的需求也不一致，允许不同地区分享差别税率可在一定程度上解决上述问题。适用差别税率能够刺激和引导消费者的消费行为以及企业的生产行为，促进生产者和消费者环保意识的提高，从而推动环保产业的发展，使税收的杠杆作用得到充分的运用。美国在环境税设计中，通过税收优惠和差别税率等政策来积极有效地引导社会将资金投向环保产业，并且使税收手段和其他环保手段相互配合，共同发挥作用，实现经济的持续、稳定发展。

（9）通过保证金制度督促矿业企业自行治理和恢复环境

国外利用税费制度治理油气资源环境问题已形成较成熟的机制，美国早期便建立了油气资源环境恢复制度，环境治理保证金制度已经发展得相当成熟和完善，实施前已遭到破坏的废弃矿区，一律由国家利用恢复治理基金进行恢复治理，条例实施后的矿区生态环境破坏和污染，由矿区主负责恢复。废弃矿恢复治理基金由内政部长负责管理，并向每个州拨付基金。即经营者定期向政府缴纳，如果企业按规定履行对生态环境的恢复治理，政府则将保证金退还。澳大利亚作为资源大国，为了恢复治理矿区的生态环境，采用“渐进式恢复治理”即一边开采一边恢复治理，要求矿业权人在采矿前必须缴纳矿区复垦抵押金且抵押金的数量必须足以保证矿区复垦。通过环境治理费用的征收，一方面有助于矿区环境污染的治理，根据“谁污染谁治理，谁获益谁补偿”原则，事前让企业缴纳环境治理费用，减轻污染治理转嫁国家负担的几率，体现矿产资源收益分配的公平正义；另一方面，环境治理费用使用特点为“污染使用、不污染即退还”，如此旨在刺激矿业权人采用现代生产技术进行矿产资源开采，减少环境污染，促进矿产资源的可持续发展。

本章小结

国外主要产油国油气税费可划分为专项税费和通用税费。油气专项税费以红利、矿业权租金、权利金、资源耗竭补贴为主；油气通用税费以增值税、消费税、公司所得税、关税为主。国外善于运用税费等政策促进油气资源发展战略的实施，其在税费体系、税费模式、税收优惠政策等方面给予我国深刻启示，值得借鉴。

第6章

中国油气税费制度改进策略

油气税费改革原则决定税费改革方向，要从油气资源开发与利用的内在规律和特点出发确定油气税费改革原则，通过分析国内油气税费制度运行显现的问题及与国际油气资源税费制度存在的差距，借鉴国际先进经验，对油气税费立法理念、税费体系、税费制度设计以及增值税、消费税、资源税、水土保持补偿费等提出改进策略。

6.1 油气税费改革遵循的原则

油气税费改革是中国税制改革的重要组成部分，除了要遵循“简税制、宽税基、低税率、严征管”的税制改革基本原则外，还要从油气资源开发与利用的内在规律和特点出发，遵循如下原则：

（1）协调统一原则

税费改革的根本问题就是利益分配问题，改革油气税费涉及诸多方面利益。一方面，要遵循国家、油气企业和社会多方利益协调统一的原则，油气资源作为重要的不可再生资源，在其勘探开发及油品加工销售过程中包括所有者在内的各主体都有自身相对独立的经济利益，改革油气税费必然涉及相关主体利益的再次调整，既要考虑维护国家所有者权益和稳定财政收入的需要，又要考虑油气企业实际承受能力和鼓励油气资源发展的需要，还要考虑节约利用油气资源和保护环境的需要，以体现油气资源使用价值和社会效益，避免国有油气资源的流失与浪费，寻求政府、企业和社会多方利益的平衡点；另一方面，还要遵循油气行业与煤炭等其他能源行业利益协调统一的原则，调整油气税费会引起煤炭等其他能源行业的比较效应，引起能源行业之间相互攀比，因此改革油气税费必须考虑对上下游产业、其他能源行业的影响，要权衡利弊，慎重考虑。如何运用税费杠杆协调统一不同主体的利益，成为衡量油气税费改革成果的标准之一。

（2）科学发展观原则

科学发展观就是坚持全面、协调和可持续发展。所谓全面发展，就是要着眼于经济、社会、政治、文化、生态等各个方面的发展；所谓协调发展，就是各方面发展要相互衔接，相互促进，良性互动；所谓可持续发展，是指既满足当代人的需要，又不对后代人满足其需要的能力构成危害。因此，科学发展观要求我们转变观念，从传统的强调数量的观念转变到强调质量、持续发展的观念。对资源的开发利用，我们所持的传统观念是以数量为单一目标，而先进的发展观是一个多目标、多因素、多变量的开放型复杂体系，其目标是树立高效、经济、洁净、安全、持续的能源观。目标的实现不只是靠能源数量增加来拉动 GDP，而是靠能源结构和产业结构双重优化来拉动 GDP 的增长。为此，必须尽快引导油气田企业走新型工业化道路，制定注重绿色 GDP 增长的税费制度与措施；必须采取积极的税费制度，大力发展循环经济，建设全面节能型社会；考虑后代的发展需要，控制石油消费数量，积极鼓励发展替代能源，优化结构，发展清洁能源，提高能源的利用效率，将国民经济对石油的依赖程度控制在合适的范围内；税费制度的制定要有利于新能源、新技术的开发与利用。

（3）系统调整原则

油气税费是国家石油政策的重要体现，科学的油气税费体系可以促进油气资源的有效开发与合理利用。一方面，构建合理的油气税费体系：一是要符合油气勘探开发规律，根据油田投入开发直至枯竭要经过的上产期、稳产期和递减期等不同阶段制定有所区别的税费制度[130]；二是建立在一定范围内随油价变化的动态税率机制，税费制度应体现油价涨跌对政府、企业和社会等多方利益进行调整的要求，在油价大幅下跌时适当减税，油价暴涨则相应增税；三是实施鼓励劣等资源开发的政策，通过税费优惠政策，让一些处于边际收益状态的石油储量进入可采序列，促进低品位资源得到有效的开发利用。另一方面，不能单纯地实行全面减税，应将整个油气税费体系作为一个系统工程通盘考量，其所牵涉的税种是有选择的，并非不加区分地针对所有税种的税负水平“一刀切”式地调整。尽管在税收政策上同样会有增有减，但系统性调整追求的目标就是使整个社会经济、政治、生态利益达到一种系统平衡，并非是纳税人实质税负水平的下降，或是国家财政收入的增加。

（4）促进油气资源发展战略实施原则

油气资源发展战略的有效实施对稳定油气供求关系、保障经济社会发展至关重要。税费作为国家调控石油工业的重要经济手段，应当服从或服务于油气资源发展战略的有效实施，因此油气税费改革的着力点在于革除那些不利于油气资源发展战略实施的弊端，增加和强化有利于促进油气战略实施的税费手段。一方面扩大油气税收优惠范围，加强对非常规油气资源勘探开发的税收优惠支持政策，鼓励油气企业对油气资源的综合性合理利用，减轻油气企业的缴税负担，完善消费税、企业所得税等税种，引导油气企业自觉进行资源节约和环境保护的行为；另一方面是优化油气税费结构，税收收入向地方政府倾斜，保障油气田区进行环境治理修复的充足资金，保障未来健康发展的理念。除此以外，税收优惠政策适当向陆上西部深层和海域深水油气田区域倾斜，降低企业开采成本，形成规模效益，鼓励当地政府和油气企业加大非常规油气资源的投入成本，加大扶持力度。国家还要加强对陆地西部深层和海域深水等新领域的战略风险把控和科学技术把关，为中国油气资源提供强有力的油气安全保障，促进油气资源发展战略科学、顺利实施。

（5）基础产业优先发展原则

油气税费改革要坚持国家对油气基础产业的扶持原则，将国民经济发展对油气资源的需求与油气行业的发展对国家宏观调控作用有机结合起来。国家采取相应的税费扶持政策，以体现基础产业的重要地位，并缓解油气资源对经济和社会发展的瓶颈制约。中国新的油气资源管理体系将矿产资源业作为一个物质生产部门纳入国民经济运行系统，使油气资源作为生产要素按市场经济规则参与国民经济运行，扭转过去因过分行政干预带来的负面效应。税费作为重要的市场调节手段，比价格、信贷的灵敏度高、反应快，其作用也更为积极。在向中国特色社会主义市场经济体制发展的进程中，要充分发挥税费的导向作用，在鼓励油气基础产业优先发展方面，税费作为重要的经济杠杆应当发挥导向作用，促进油气产业结构的调整，促进油气行业持续、快速、健康发展，提高油气行业整体效益，增强核心竞争力。

6.2 创新油气税费立法理念

6.2.1 改进油气生态补偿税费制度体系

(1) 促进生态补偿机制多元素融合

以生态治理现代化的要求来审视，现行生态补偿机制的相关利益协调方中，市场方面的缺位，使得生态补偿领域缺乏竞争机制，主体定位不清、产权模糊，资金匮乏且流动性不足，缺乏利益相关者广泛参与的机制和途径，影响了生态补偿的有效实施和发展。要解决这些问题，应做好以下工作：一是促进社会多主体融合。建立健全政策补偿机制，政府需要制定贷款担保、财政补贴等财税政策，引导企业等社会化资金参与生态补偿过程，建立让受益者付费、保护者得到合理补偿的市场化机制。二是明确补偿对象。生态补偿客体可以包括两个：一个是受损资源地区的政府及居民，由于资源限制，就业机会减少，经济发展较为缓慢，一定程度上也制约了政府职能发挥，需要给予一定的补偿；另一个是企业及个人，企业因为发展生态保护而造成的损失，个人从事环保技术研究开发投入的人力、物力和资金等，也需要进行税收优惠及财政补贴。三是精确设定补偿标准。在补偿实施过程中，易受到多方面因素影响，很多补偿也无法做到量化。因此，在制定生态补偿标准时应当协调国家经济发展水平和补偿标准，统一标准与技术体系，做好环境评估的各项环节，针对不同的资源类别，综合考量、精准计算；开展定期评估，提升科学决策效率。四是建立多元化市场资金融资渠道，充分吸纳各类社会主体的作用，发行绿色债券、绿色股票、绿色资产证券化等金融工具，建立开放性的公众基金，形成生态补偿市场化、多元化运作专项基金。开展技术、项目补偿，专家进行教学辅导，开展技术培训，给予受损地区国家建设项目及工程，增设基业岗位，带动资源型地区经济发展[131]。

(2) 加快生态补偿专项税费建设

在油气开采勘探的使用范围内，加强立法，制定相关法律政策。例如将生态税费理念补充完善到各税种中，调整相关联的生态税费，切实做到以税收为主，收费为辅的税收管理体系；开发制定关于生态环境的专项税费，设定资源耗竭补贴基金，确定具体税率，细化税费实施环节的规定，着重强调税费构成以及税率级别，重视生态税费的总体性和针对性。

（3）增设地方油气环保专门监督机构

油气开发生态环境的恢复治理是一个系统工程，需要各部门协调配合，因此建立油气开发环境治理与生态恢复行政部门之间的协调机制十分重要。现阶段，油气资源开发生态补偿监管机制建设主要集中在政府监管方面，各地应建立健全政府生态责任体系，通过法律规定明确政府在油气资源开发中的生态责任，由环保局作为生态补偿的主要管理部门，负责生态补偿资金的预算申请和管理实施工作，由财税部门统一征收生态税和其他生态补偿金，确保足额征收。地方环保局须对生态补偿资金的使用情况进行备案，由各级财政部门监督其运行，并接受人大、审计、税务的监督。严格责任追究制度，实行行政首长负责制，执行严格的行政许可制度，使其与油气资源开发生态补偿挂钩，企业申请开采许可证时应提交详细的土地复垦规划及其他生态环境恢复计划材料，经过严格的环评和复垦项目评估，才能获得许可证，如果企业严重违规开发油气资源，则吊销其开发经营许可证，在对企业环保不达标进行行政处罚时，应充分考虑生态补偿所需的费用。

6.2.2　健全油气资源专项税收优惠政策

（1）统筹油气生态环境税收优惠政策

油气企业为恢复和治理生态环境投入了巨额资金，并且还承担了较高税费负担，因此，需要有系统性的税收优惠政策扶持。中国生态补偿税费的融合不能单一靠资源税来实现，而是需要与各项税费相互配合，设置专项生态补偿税费体系，促进生态环境的长效治理。首先，需完善现有的税收制度中的绿色税收制度，强调其生态保护职能，促进资源税、消费税、增值税之间的统筹发展；其次，设立生态补偿专项税收优惠制度，避免税费之间形成矛盾冲突，逐步做到有针对性、定位明确、可细化地引领油气企业迈入生态补偿中来，促使其在技术进步、新能源开发、节能环保领域有所创新。

（2）制定边际油田税收优惠政策

对边际油田减征或免征企业所得税，以鼓励其开发。将高效压裂、泥页岩储层完井技术等列入国家重点科研项目，加快致密油气资源基地建设，对三次采油、特稠油、高凝油、低渗透、综合含水率达到 95% 以上等非常规开发油田降低所得税税率、减免所得税和矿产资源使用。对于进行特殊油藏、三次采油、含水高达 95% 以上的油气企业，可参照研发费用，将这一类油田的企业所得税按实际投入额的150%加计扣除计算应纳税所得额[118]。

（3）出台加快天然气工业发展的税收优惠政策

面对日益严峻的环境保护和能源短缺的现实，中国急需大力发展天然气工业，但中国天然气勘探开发使用，相比于发达国家仍处于起步阶段，为实现发展的持续增长，需要进一步加大力度提高储量、加大产能、完善基础配备，积极培育国内外市场。随着天然气产业规模不断扩大、国家石油天然气管网公司挂牌成立、国家石油天然气管网项目逐步成型，建议将天然气资源税税率按销售额的5%从价计征；对于前景广阔或替代率高的天然气项目，可给予所得税优惠减免；对于进行天然气输气管网建设的基础项目投资，可根据项目施工难易程度，在增值税、所得税等方面予以优惠；完善天然气价格机制，国家能源主管部门与项目审批部门齐头并进管理，实现价格疏导。

6.2.3　税费制度设计体现油气行业特点

中国大部分主力油田已进入开发中后期，成本不断上升、边际收益不断下降，开发和生产面临着投资大、产量低的问题，建议采取如下税收优惠政策：

（1）税收优惠政策与税费制度有机结合

纵观国外油气税费的经验，在制定税费制度时，大多采用通用一致的税费制度，并未针对油气行业高风险的特点设计专项税收优惠门槛。借鉴经验，在中国油气行业的税收设计上，首先，需要降低税收优惠门槛，扩大油气资源优惠政策的范围，降低对环境恶劣的油气田的征税层次，必要时可以免征税负。其次，税收优惠形式要多元化，油田勘探开发阶段所涉及的油气企业发生的利息、股息可以允许税前扣除，企业购买的固定资产可以采用加速折旧的方式提前收回投资。再次，汇总现阶段税收优惠政策，科学制定、统筹管理，建立健全相互协调的税收优惠体系，达到油气资源利用最大化。最后，针对油气企业弃置费用的高风险影响，应当规范处置流程，完善后续计量环节，适时引入第三方监督机构，核算时将弃置环节的油气资产纳入其他综合收益，不影响当期损益，防止不及时以及怠惰等成因降低企业利润。

（2）设置动态调整的税费率

前述提到了制定油气资源税费制度时，要结合油气行业生态发展的必要性，但这往往是不够的，还应在设计时充分考虑油气行业所处的生命周期，以使现行油气税费制度及各项优惠政策能够灵活满足油气行业产业链的健康有序发展。依据油气开采的不同时期特点及国际原油市场价格波动，各主要产油国的经验是对油气税费采用动态调整税率。结合中国国情来看，可参照国外经验，把握油气资源在勘探开采阶段的成本投入和收益情况，在合理区间内实行动态税率政策。在油田开发初期，可以适当降低税率，有助于企业投入更多的人力、物力、财力力保增产；在开发稳定期，此时盈利水平较高，可以适当提高税率；到了油田开发的递减期，可降低税费率，以减少油气企业成本负担[99]。同时要考虑含水率、低丰度、高凝油、高含硫等因素，适时调整相应税率，使科学合理的税费制度贯穿油气行业的全产业链。

（3）落实低品位石油开发的税收优惠政策

主要包括三个方面：一是减免低品位油气资源石油特别收益金。随着低品位油的比重不断上升，石油开采成本也随之提高，与石油收益相比无法满足企业的经济化发展需求。政府部门需调整石油财税政策，减免低品位石油资源的特别收益金；或采用改变以单一油价为标准制定征收率转按利润率制定征收率。二是扩大专项税收优惠的范畴。低品位油的开采面临低产量以及低渗透的复杂难题，税收政策却缺乏专项优惠。应合理扩大优惠范围，加大针对低产、低渗透等资源的优惠力度。三是建立油气资源风险勘探基金。低品位油在勘探开发方面往往受到投资方面的困境，为促进中国油气行业持续高效发展，亟待建立国家油气资源风险勘探基金，正向引导企业针对低品位油风险勘探的资金投入。

6.3　改革具体油气税费制度

6.3.1　改进增值税

（1）加大增值税优惠力度

主要包括三个方面：一是采取即征即退。建议国家组织有关部门测算油气资源特别是各种非常规油气资源的税负承担能力，给予不同非常规油气资源免征增值税、降低增值税税率、即征即退、先征后退等优惠政策。如对开采后期的老油田可采取即征即退的优惠措施，对深海油气开发增值税率调整为10%，对深层石油、三次采油可降低增值税率为6%。二是扩大抵扣范围。扩大与油气资源开发生态保护相关领域的增值税抵扣范围，对于利用废料进行生产，废料购进税额110%予以抵扣；对于购进节能环保安全设备，120%予以抵扣，以弥补购进技术创新设备可能带来的价格劣势；对于三次采油所需要购进的材料及设备150%加计抵扣，降低多次采油成本，提高油气资源重复利用的积极性。三是扩大进口环节免税政策的覆盖面。中国仅规定煤层气进口国外设备免征进口关税和进口环节增值税的政策，但是对油气开发还没有类似政策出台。中国需要结合油气资源开发的需要，进一步扩大油气资源开发进口环节免税政策的覆盖面（特别是进口具有节能环保性质的高科技产品），将非常规油气资源开发进口环节免税政策逐步扩大到包括油页岩、页岩气、致密砂岩气等非常规油气资源。

（2）调整增值税分成比例

油气资源型城市为国家贡献大量财政收入，却为此承受生态环境损坏、资源枯竭及城市衰败的巨大风险。全国统一的增值税分成机制很难体现税收公平原则，针对现行增值税的分成机制容易对环境保护产生负作用，建议适当调整增值税分成比例，保持地方50%的分成比例不变，对于油气资源型城市增加10%分成，专项用于该地区环境的恢复治理和城市转型，进一步发挥增值税生态化作用。

（3）降低油气工程企业留抵退税门槛

油气是一种特殊资源。一般情况下，油气工程有着知识密集、技术密集、资金密集、风险密集、管理密集的竞争性和渗透性特强等特点。在人类能源开发的历史进程中，油气作为埋藏在地下的自然资源，相较于其他行业又有其更例外的突出特点，包括：高科技、高风险、高投入、高回报。在理想状态下，高投入后可以实现高回报。但随着全球政治、经济、安全形势复杂多变、油价起伏不定、油气资源品位不断下降等原因，高投入不一定会带来高回报。基于油气工程项目的特殊性，应适度放宽油气工程企业留底退税条件，首先，油气工程企业勘探开发周期长，经常会出现连续几个月不产生大量留抵税额的情况，因此，建议该类型企业可以不受“连续六个月（按季纳税的，连续两个季度）增量留抵税额均大于零，且第六个月增量留抵税额不低于50万元”的限制。其次，对于符合国家产业引导战略且正处于全部依靠技术创新型发展初期的油气工程企业，信用等级一般达不到A级或B级，但前期仍然会有大量研发和设备投入，这时就容易受到当前留抵退税的限制，不利于促动油气工程企业研发、转型发展的积极性。因此，对这类企业在做好审核的前提下，可以适当放宽信用等级，不受信用条件的限制。

6.3.2　改进消费税

（1）采用消费税税收共享模式

为提高地方政府税收自主权，增强地方政府改善当地自然环境的积极性和主动性，协调消费税制的不同功能，提高税收征管效率，建议采用中央地方共享税制度。对于重点生态自然保护区，地方的税收分享比例应稍高一些；对于一般地区则可以将比例定的稍低，具体比例额度应通过科学的经济模型加以计算分析后确定。同时，应处理好消费税收入分配机制改革与其他消费税改革措施的衔接关系，也应注意避免税种之间的重复征收。

（2）征收环节由生产环节后移至销售环节

主要包括三个方面：一是扩大成品油消费税征税范围。一方面，由于 2021 年 5 月，财政部、海关总署、国家税务总局发布公告，将进口混合芳烃、轻循环油、稀释沥青视同石脑油或燃料油，决定对三种品类征收进口环节消费税，为确保贸易公平，维护成品油市场秩序，必须对国内三类同种产品同样征收消费税，否则难以遏制此类调和油的逃税漏税行为；另一方面，在“碳达峰、碳中和”的双碳目标下，应进一步对高耗能、高污染以及高碳产品征收消费税，从消费端入手激励全社会改变消费习惯，倡导并助推绿色低碳型社会的转型发展。

二是加快完成成品油消费税征收环节后移。一方面，可拓宽地方收入来源渠道，增加地方政府的税收分成，调动地方政府和相关部门参与生态环境保护、监管成品油消费市场、打击调和油等组分油的主动性和积极性，以改善市场消费环境；另一方面，可降低成品油生产加工企业的运营成本，减轻其税收负担，提升技术创新内在驱动力，使消费税真正成为调控成品油市场的有效手段。

三是全面完善成品油销售终端税控装置，利用大数据、云计算等智能化手段，实现税控装置等监控设备全国联网，建立成品油全生命周期、全过程监管的数据链条，严格监管油罐进口油量和加油机出口油量。此外，将安装税控装置明确到立法中，为成品油市场监管提供法律保障。

（3）调整为价外税

消费税的原则是“谁消费、谁承担”，由消费者承担消费税，使消费者直接感受到所承担的税收，提醒消费者节约能源和保护环境。因此，建议将消费税改为价外税，有利于更直观地感受到消费税调节导向与约束作用，引导消费者提高纳税意识和节能减排，完善现行成品油定价机制和意义，使消费税真正成为调控成品油消费的手段。

6.3.3 改进企业所得税

（1）给予油气资源地政府额外分成

为平衡油气资源开发中各利益相关者的经济利益和生态利益，推进纵向转移支付和横向转移支付制度的实施，应建立起跨部门、流域、区域的综合行政协调机构，协调利益相关者的矛盾和冲突，明晰各方的职责和权限。在当前中央与地方6:4分成比例的前提下，可考虑根据油气资源地生态环境等级程度不同，对该类型地方政府额外分配0～10%的分成，可以设置类别和等级，对低丰度油气田所在地政府额外再分配5%，对高含硫天然气、三级采油和从深水油气田所在地政府再分配8%，对稠油、高凝油所在地政府再分配10%，额外分成部分专项用于三类油气资源所在地因油气勘探开发生产行为造成的生态损坏补偿。

（2）增加税收优惠政策

主要包括八个方面：一是扩大油气投资抵免范围。建议将煤层气的投资抵免政策扩展至整个油气产业，可根据油气资源的类型和开采难易程度，规定油气资产投资的20%～100%可以进行所得税减免。二是提升关键技术创新的所得税激励。技术创新是降低油气开采成本的重要驱动力，需要给予油气资源尤其是非常规油气的研发以更优惠政策。要进一步完善非常规油气研发加计扣除范围和程序，给予节能减排研究和技术创新加计扣除100%～200%的优惠，以此促进新能源的开发。三是延长非常规油气开采亏损弥补年限。非常规油气资源开发，技术攻关难度大，从研发阶段到大规模生产和获利需要十几年甚至更长的时间。为了支持非常规油气资源开发，建议延长非常规油气资源开采亏损弥补年限，将亏损结转年限延长至20年。四是加大对非常规油气资源开采固定资产折旧的优惠力度。可放宽对折旧年限的限制，对非常规油气资产做详细的分类，对非常规油气开发固定资产折旧可按20%～100%加计扣除，如：可借鉴加拿大的做法，将油砂业务矿区设备购置适用200%的扣除比例。五是对从事污染治理的油气企业应给予免征或减征企业所得税的优惠。六是对于油气企业用于治污的固定资产，应给予加速折旧的政策。七是对于企业购买的用于防治污染的专利技术等无形资产，应允许一次摊销。八是对于企业为治理污染而开发的新技术、新产品、新工艺所发生的研究开发费用除了可以据实列支外，还应给予加计扣除的优惠待遇[132]。

(3) 油气不同开采阶段税率有所区别

为促进油气资源合理开发，应根据油气田开发的不同阶段，考虑油气开发企业的实际承受能力，设置适应各阶段油气田纳税能力的税费制度，税种、税率等应随着基本面的变化进行调整。在油田生产初期，采取低税收政策鼓励勘探；在全面开发阶段，随着石油公司收入的快速增加，适时调高税收水平；当油气田进入衰退阶段，产量开始下降，就要降低税收，以改善油田的经济效益，并采取特别的优惠政策，鼓励边际油田和中小油田的勘探与开发。此时，处于衰退阶段的油田所在地，如果实行低税率，就不能享受前述（1）中提到的额外分成。

6.3.4　改进资源税

(1) 进一步厘清资源税立法宗旨及目的

随着人类社会的发展，自然资源从早期的“鼓励综合利用”到“促进合理开发利用”，再到“促进节约开采和利用”，已经进入到了必须要秉持绿色发展理念来开发和利用资源的阶段。为更好地通过资源税收手段来促进资源节约利用，必须站在可持续发展这个高点。一方面，要根据资源税与特定目的税的内在逻辑联系，设计出科学规范的立法目的条款，明示资源税征收的主导宗旨，即：促进资源节约利用和可持续发展的主导目的，兼附财政收入筹集和纳税人权利保护的次要目的；另一方面，增设资源税收专款专用规定，若资源税收目的是促进资源节约利用，但将其收入纳入一般公共预算统筹使用的话，就势必会陷入背离可持续发展和税收合法性的矛盾与危机，因此，资源税收入专门用于自然资源可持续发展建设，不仅可以提升资源税立法的科学性、指向性和可接受性，还能加速生态文明进程。

(2) 调整计税依据

建议针对不可再生的油气资源，以实际产量按照该资源的上一年度平均市场价值为计税依据，从价征收。既不必考虑该产量究竟是否被销售或自用，又能以上年平均市场价值为依据而规避油气企业的囤积资源行为。

(3) 提高税率并加大优惠减免力度

首先，建议将油气资源税率从现行的6%，调整为8%～10%，各地区根据经济发展状况、油气田不同开发阶段的盈利水平，在该区间内自行设置适用差别税率，针对油田开发稳定时期的地区，适当提高税率；递减时期的油田所在地，调低税率。其次，建议将边际油田的开采销售额单独核算，再减免征收，比例以20% ~30%的浮动税率为宜，原因是对于储量低而导致投资回报率低的边际油田可以提高减征税率，对于开采极为复杂的边际油田还是通过弥补企业开采成本作为初衷进行减征；对进入衰退期的油田进行税收减免，按油气田的健康程度设置比例系数0.4、0.5、0.6对征收的油气资源税进行减免。最后，提高重要生态功能保护区、生态功能脆弱地区油气资源税税率，将税收增量部分全部用于生态补偿。总之，通过设计差别比例税率，调节油气开发企业产生的级差收益，创造平等的竞争环境，避免采富弃贫，有利于油气资源有效开发，有利于保护生态环境[132]。

（4）建立资源耗竭补偿基金

建议资源耗竭补偿基金用于代际补偿。中国的油气勘探基本上是通过国家重点项目集中投资完成的，为了保障国家经济建设需要，采取了超常规、超高速的“大规模会战”方式。经过多年的高强度开发，目前东部油田基本已进入开发后期，资源逐步枯竭，老油田遇到了产量萎缩、成本上升、社会负担重等诸多问题。中国尚未建立油气资源耗竭补贴制度，而国外实践已经显示出耗竭补贴制度对石油行业发展的重要作用，中国应着手立法确立此制度。

• **关于资源耗竭补贴来源**。其来源有二：一是参照美国的办法，油气企业根据油气储量消耗，在计算企业所得税应纳税所得额时按一定比例税前扣除，但扣除数额不得超过应纳税所得额的50%。二是直接向油气资源开采企业征收资源耗竭补贴，征收方式应该与矿产资源价格相联系，因此采用从价计征方式，根据不同油气资源开采对经济发展的影响，费率在0.5% ~3%之间，计算公式为：

油气资源耗竭补贴应纳金额 = 产量 × 价格 × 油气资源耗竭补贴费率

将油气耗竭补贴作为油气企业的专项基金，并把油气产量作为耗竭补贴的征收基础，设定一定的比例计征，计入企业的成本费用。

• **关于资源耗竭补贴用途**。补贴基金可主要有以下用途：一是对油气企业勘探新矿进行补助，促进企业在技术升级和节能环保方面的投资，提高资源型产业的自我发展能力；二是鼓励并帮助油气资源枯竭城市进行经济结构和产业结构调整，转变经济发展方式，促进其经济社会的可持续发展；三是对资源衰竭期油气企业进行回采技术改造给予一定的补贴；四是作为寻找和探明接替资源的投入；五是支持油气企业转型发展，以维护油气资源型城市社会稳定。

6.3.5　改进环境保护税

（1）完善环境保护税收优惠及使用机制

将税收优惠与税款使用制度同步改进，以提高治理修复油气行业环境污染指导性。首先，完善税收返还制度，先征后返，对油气企业采取的有效污染治理行为进行一定程度的退税，如：对大力引进高科技排污设备的行为进行一定程度退税[98]，通过政府补贴的方式刺激油气企业加大排污设备的使用，促使油气企业注重治理修复相关环境污染，帮助企业减少环境治理的支出，运用先进绿色的方式排放污染[133]，退税时应结合其他税收优惠制度的范围、金额等综合考虑。其次，完善当前税收优惠政策，针对油气行业油气开采时的开发勘探、钻井等步骤特点及其相关产品生产方式等，采取相应的减免税制度，通过该制度促使油气行业提高产品环保性能、减少开采污染。再次，完善环境保护税专款专用制度，将从油气行业征收的环境保护税用于油气行业污染治理，提高税款使用公开度，可将从油气行业收取的税款用于设立油气行业专项资金和环保基金，专项资金主要用于油气行业专项购置等专门用途，环保基金用于处理油气行业各类环境问题，减少污染物的排放，提高社会满意度[98]。最后，在落实环境保护税优惠及使用制度时，应在综合评估企业污染治理强度和效果之后，适当返还部分已缴税款，整个过程做到透明公开，以激励企业主动承担污染治理修复的责任。

（2）扩大征收范围

借鉴他国环保税征收经验，在社会普遍接受环境保护税后，可适当扩大征收范围，将其他种类的污染物纳入征税范围，使征税范围不再局限于大气污染等四类污染物，针对各行各业特点对环境保护税进行分行业细化，设计对石油行业更具针对性的征收管理办法。综合考虑国情、国内企业特点等，建议逐步针对油气行业扩大征税范围，首先，可将挥发性有机物 VOCs 纳入征税范围[133]，因其是形成颗粒物 PM2.5、臭氧 O_3 等二次污染物的重要前体物，在石油化工业、建筑业等最为常见且对环境和人体破坏性极强，因此可通过征税达到改善环境的目的[134]。其次，逐步试点对碳排放行为征税，国家倡导碳中和，油气行业作为排放量大的行业，可首先进行试点，但应循序渐进，避免对油气行业经济发展造成负面影响[133]。最后，除了扩大征收范围，还应针对油气行业特点进行完善，从油气开采各阶段入手，使得征收涵盖勘探、钻井、开采及销售等各环节，从整个渠道入手进行征收，促使油气行业加大环保力度，从而实现征收环境保护税的目的。

（3）加强部门间、企业部门间工作协调性和配合度

首先，研发部门大量采集油气企业污染物样本数据，考虑所排放污染物间关联性、其生产销售特点及排污方式等，结合油气企业特点加大相关研发投入，研发适用性广、造价低的检测设备，同时建立有效的信息检测系统和检测信息共享平台，促进油气企业排放规模大且种类繁多复杂的应税污染物的检测，促进部门间、企业与部门间的信息共享和检测数据一致性发展。其次，对有关法律进行完善补充，明确各部门应承担的法律责任，也需要制度统一的涉税数据收集更新和保持规定，建立油气企业涉税污染物数据库。最后，完善环保部门与税务机关合作共享机制，完善所搭建的信息共享平台，针对油气田期间测量方式、计算标准做出统一规定，以此提高部门间、企业部门间的工作协调性和配合度。

6.3.6 改进石油特别收益金

（1）完善中央政府与地方政府石油特别收益金分配管理

将中央政府征收的石油特别收益金按比例或者部分提取分配给资源地政府，弥补其生态管理等方面的支出，提高地方政府代中央政府管理油气企业及地方生态的效率和积极性，赋予资源地政府享有依赖其管理优势和当地资源禀赋，促进油气企业的健康发展和地区生态环境可持续发展的权利。

（2）调整石油特别收益金征收方式

为了更好地保护和支持油气企业的勘探开发和生产，促进增储上产，使国家资源得到充分利用，缓解原油对外依存度持续上升的情况，保障国家能源安全，应调整石油特别收益金的征收方式。可供参考的方法有三：一是建议在征收石油特别收益金时综合考虑收益、投入与价格之间的关系，实行差异化征收，对资源较差的油气企业征收不同于资源较好企业的税率，对现行政策予以调整，借鉴他国经验，对原油开采企业差异化征税；二是对枯竭矿井、地产矿井及重油给予适度的减免优惠，相关部门定期对油井及重油的情况进行调查更新，并酌情制定减免比例，而油气企业需事先为有关部门调查做好准备，提前列明油井号码、状态及日产量等信息；三是建议改变以单一油价为标准制定征收率转按利润率制定征收率，对资源条件好、高收益油气企业的高收益进行征收，这有利于减少资源条件较差企业的成本，体现石油特别收益金的初始征管思路与本意，更符合客观经济运行的规律[106]。

6.3.7　改进水土保持补偿费

6.3.7.1　明确水土保持补偿主体

进一步开展水土保持补偿制度实质性研究的首要关键点是明确补偿的利益相关方，即界定补偿的主体。“谁开发谁保护、谁破坏谁治理、谁受益谁补偿”的环境保护原则明确了生态补偿主体的界定原则，但具体实施还很复杂，国家、社会组织、单位和个人都有可能成为补偿主体。众多补偿主体和客体并未明确，补偿主体模糊使得水土保持补偿制度开展不顺利，显失公平性。

基于“开发者保护、破坏者恢复、受益者补偿”的原则确定补偿主体，分为补偿给付主体、补偿接受主体和补偿实施主体。其中补偿给付主体是义务的承担者，要求具备一定的责任行为能力；补偿接受主体是权利的享有者，其作为补偿对象不要求具有责任行为能力；补偿实施主体是连接补偿给付主体和补偿接受主体的桥梁纽带，负责水土保持补偿法律制度的组织实施，如图 6 - 1 所示。

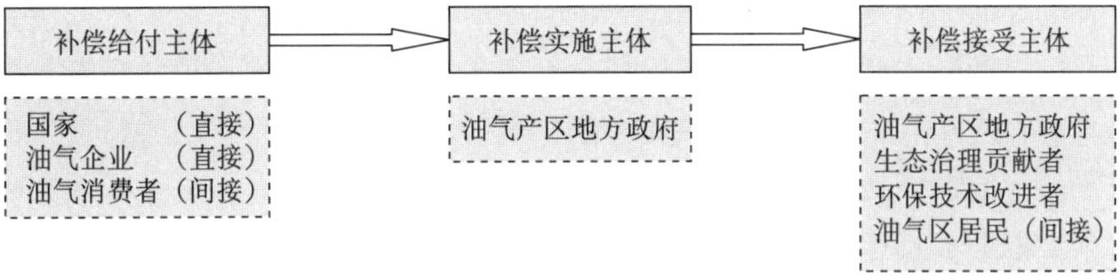

图 6 - 1　油气资源开发水土保持补偿主体

（1）补偿给付主体

补偿给付主体，即在油气资源开发中承担水土保持补偿资金给付义务的主体。根据外部性理论，油气资源开发生产建设活动引发水土流失问题，开发主体在获取经济利益的同时，造成生态环境恶化，导致水土流失，增加油气产区其他社会成员的生产生活成本，也就是油气开发生产建设活动的外部成本。因此，开发建设活动主体和施工单位应该承担水土保持补偿责任。另外，国家和政府对生态环境治理保护具有相当的责任，从发展角度看，国家是水土生态环境改善的受益者，也即承担水土保持补偿义务。因此，油气资源开发水土保持补偿法律关系的补偿给付主体主要是国家和资源开发企业法人。由于油气产区生态系统能够提供供给服务、调节服务、文化服务和支持服务等不同的功能和服务，因此，水土保持补偿应该基于资源开发损害的生态服务功能价值进行支付。

一方面，油气开发企业应成为油气资源开发水土保持补偿的重要给付主体，包括油气资源开发企业、油气管道运输企业、天然气开发企业等。油气资源开发企业通过油气资源开采获得经济利益，对油气资源产区水土生态环境造成破坏。油气管道运输企业通过管道长距离运输油气产品而获得经济利益，对铺设管道沿途的水土生态资源造成破坏。因此，油气企业按照“谁破坏谁治理”的原则，理应成为水土保持补偿主体。油气资源开发企业、油气管道运输企业和天然气开发公司作为油气资源开发水土保持补偿的主要给付主体，同样享有权利并承担义务。在获得相关部门开采许可证后，油气资源开发企业在许可范围内享有勘察和开采的权利，有权利通过资源开采获取相应经济利益，是资源开发的直接受益主体，更是油田生态环境利益消耗的直接责任主体，承担生态环境修复的给付义务。油气资源开发企业包括油气管道运输企业应为资源开发水土保持补偿的主要给付主体，负责修复补偿由其资源开发行为造成的环境质量下降，补偿资源开采区域自然生态系统和人居社会系统等的机会成本，恢复油田原有的生态服务功能。

另一方面，国家也是水土保持补偿的重要给付主体。国家作为油气资源开发水土保持补偿的给付主体享有权利并承担义务，权利表现为依法享有油气资源的占有、使用、收益和处分四项权能，由国务院代为行使。国家行使占有权控制着油气资源，行使使用权调配资源的开发利用，通过向油气企业收取资源开发相关税费获得资源收益，行使收益权；在法律范围内行使审批、许可、登记、监督、终止权等管理油气资源开发行为。国家在油气资源开发中获取收益，具有雄厚的资金实力和权威的管理措施。水土保持补偿中国家参与发挥的作用，一是“强干预”，即国家作为油气资源开发水土保持补偿的给付主体承担提供财政支持的义务，通过财政转移支付以期对资源开发地区生态保护、污染防治、改善人居生活条件和排除公害等提供资金支持。通过设置生态税费、制定水土保持补偿制度等强制性手段，要求其他补偿给付主体承担应尽义务。二是“弱干预”，即在国家宏观调控指导下，积极发挥市场机制作用，通过经济刺激、市场化运作等手段鼓励和引导更多组织通过更多途径加入水土保持补偿工作中。目前国家还需进一步发挥“弱干预”在油气资源开发水土保持补偿中的作用。

需要说明的是，油气产品的消费者包括单位和自然人，虽然是油气产品的受益人，但不宜成为油气资源开发水土保持补偿的直接给付主体。因为消费者使用油气产品无论是营利的还是非营利的，其油气产品价格中已经包括了油气企业转嫁的部分水土保持补偿成本，每一位消费者都间接、被动地成为支付水土保持补偿成本的主体，不宜再重复支付水土保持补偿相关费用。

（2）补偿接受主体

补偿接受主体，即在油气资源开发中享有水土保持补偿权利的主体，是油气资源开发水土保持补偿对象，包括因水土保持生态服务功能降低或丧失受到影响的受害者和水土保持生态建设的贡献者等。

第一类，油气产区地方政府。油气资源开发过程中，因油气管道铺设施工会引发地表形态大面积改变；因注水采油方式导致地下水位下降显现；因落地原油污染土壤，降低土壤水土保持生态服务功能，导致油气产区地质、水文、土壤等不同程度的破坏和污染。这些均影响当地生态环境，理应受到补偿。地方政府部署实施生态保护项目，积极引导当地水土保持单位和自然人保护环境，同时承受着资源开采区生态环境质量下降的后果，这一过程产生了机会成本和实际损失，应成为水土保持补偿的接受主体。油气产区地方政府在获得生态补偿后，并非用于弥补自身管理、建设的不足，而要将补偿专款专用，分配给实施水土流失治理、生态增益建设的单位和个人，补偿他们的利益损失，并鼓励他们继续开展生态保护，进而使生态增益。

第二类，油气产区生态治理的贡献者。油气产区因石油资源开发导致地质、水文、土壤等不同程度的破坏和污染，为了保护生存区域环境，需要进行生态投资建设，其中包括油气管道工程水保施工、水土保持治理项目、水利工程、保水保土耕作等，参与这些水土生态治理和水利投资建设的贡献者应接受补偿。

第三类，为减少油气开发水土保持生态服务功能损失作出努力者。油气企业本身一直在通过科技创新、技术革命、开发过程监督、运输管控等方式探索减轻石油开采对水土等生态环境的破坏。石油企业在技术和管理上的不断创新，包括油气企业为降低污染和破坏程度在技术层面上的创新努力；施工管理额外多投入的成本；开采方式考虑环境的不断改进，一定程度降低油气资源开发对水土保持生态服务功能的破坏等，都应得到补偿和鼓励。补偿方式并不一定是资金，也可通过国家政策激励手段实现补偿，生态补偿保证金返还也是鼓励方式之一。

第四类，油气产区居民。油气资源开发造成水土生态环境破坏对油气产区居民生产生活产生一定影响。由于大面积开采建设破坏地表植被引起人居环境质量下降，水力压裂方式影响居民正常饮水，地下采空威胁居民生存安危，因此，当地居民也应接受补偿。但油气资源产区居民不宜直接成为水土保持补偿接受主体，水土保持补偿费支付给居民支配难以用于水土保持生态服务功能恢复治理。居民可通过资源开发地区政府组织实施的水土保持恢复治理项目等，从生态环境改善和水土保持生态服务功能恢复中，间接成为水土保持补偿受益主体。

（3）补偿实施主体

补偿实施主体是指在油气资源开发水土保持生态服务功能恢复与治理中享有组织实施职能的主体。油气资源开发水土保持补偿一般由补偿给付主体和补偿接受主体直接进行即可，然而，由于水土保持生态服务功能恢复与治理具有“公共产品”属性，补偿接受主体的水土保持实施单位或者个人在没有组织监督的环境下，往往缺乏支付欲望而难以保障水土保持工程项目质量。此外，对油气产区需要长期进行水土保持生态服务功能的恢复与治理，而油气企业和水土保持实施单位或者个人以营利为主要目的，因此需要在补偿给付主体和补偿接受主体之间设定补偿实施主体，解决补偿给付主体和补偿接受主体之间难以对接的障碍。油气资源开发补偿中，应有一个代表地区公共利益的组织发挥作用，最适合且最能够发挥效用的补偿实施主体为油气资源开发地区的地方政府。前已述及，在油气资源水土保持补偿费用不宜对油气产区受害居民进行一一补偿的情况下，地方政府作为油气资源开发和水土保持生态服务功能维护者和责任人，油气企业将水土保持补偿费用缴纳给油气资源产区地方政府用于组织实施水土保持生态服务功能的恢复与治理。

补偿实践中应科学合理地界定支付主体与接受主体的利益关系，建立多元化生态保护补偿投入机制。一是要明确生态保护者享有的权利和油气开发企业等资源受益者的支付义务，将支付的费用或者获偿的资金均纳入财政预算。二是界定中央政府和地方政府之间、地方政府之间各自作为保护者与受益者的界限，据此明确因油气产区跨区域补偿的权利与义务关系。

6.3.7.2 确认水土保持补偿客体

关于水土保持补偿客体，学者们莫衷一是，观点大致可以概括为以下几种：一是水土保持补偿的客体是补偿的受偿对象，包括水土流失受害者和提供水土生态效益者。补偿客体按照不同性质，可以分为区域和个人。针对油气资源开发等经济活动造成水土流失对生态环境的破坏较大，应对受影响区域进行大范围补偿[135]。依法从事水土保持工作的单位与个人及水土保持生态保护与建设的贡献者都是接受补偿的对象，具体以资金扶持、实物帮助和政府政策优惠为主。二是补偿客体是对水土生态环境补偿的行为，是生态保护和修复权利、义务的承载体，补偿行为提高补偿地区水土保持生态服务功能。三是补偿客体是自然生态系统，补偿资源开发地区的生态环境。

第一种观点被许多学者认同，但与水土保持补偿主体中的受偿主体混同，主客体界定不清。第二种观点则把保护水土生态环境的具体行为视为生态补偿关系的客体，法律层面确定补偿主体权利义务的指向，具有一定依据性但缺乏全面考虑。第三种观点实际是从生态学的角度而言，在生态系统与人类社会经济系统的物质和能量交换关系中，是人类对生态环境的直接补偿，体现的是生态学意义上主体之间的关系，而不是法律意义上的客体概念，不涉及法律所调整的人与人之间的利益关系。

笔者认为水土保持补偿的客体是水土环境生态利益，利益不是一个抽象的存在，而是具体内容和形式的统一。实质上，客体所承载利益的本身才是法律权利和义务联系的中介，权利义务的真正指向是利益，物、行为、智力成果等都是利益的载体。水土保持补偿制度中的利益从表现形式上可以分为“生态环境”的利益和“人”的利益。生态补偿的根本目的是保护和改善生态环境，实现生态环境系统对人类的可持续供给，“生态环境”的利益是生态补偿法律关系的客体。这里“人”的利益有两方面：一是油气开发地区居民的利益，他们只是补偿接受主体而不是直接的受偿主体，该部分补偿用来改善人类生存环境利益和社会发展利益方面，但不是用于改善个人经济和生活的补偿。二是油气产区生态治理贡献者的利益，如水土保持工程的建设者，他们是直接的受偿主体，补偿在从事水土保持工作中失去的利益。因此，水土保持补偿的客体既包括生态环境利益也包括部分人的利益，是自然生态系统服务功能价值的体现，即为“水土环境生态利益”。

油气资源开发水土保持补偿应进一步明确如何解决资源开发经济利益与油气产区生态利益之间冲突。受偿主体有接受生态补偿的权利，同时有义务为保护和改善油气产区生态环境为或不为一定行为；补偿支付主体有依法获得经济利益的权利，同时有义务对开采地区生态环境和保护、改善生态环境的行为通过合理方式进行补偿。油气资源开发获得的经济利益因其开发行为的负外部性影响需要分出一部分，用以补偿损失的水土环境折损的生态利益，此部分生态利益可用水土保持生态服务功能进行衡量，确立补偿标准（见图6－2）。

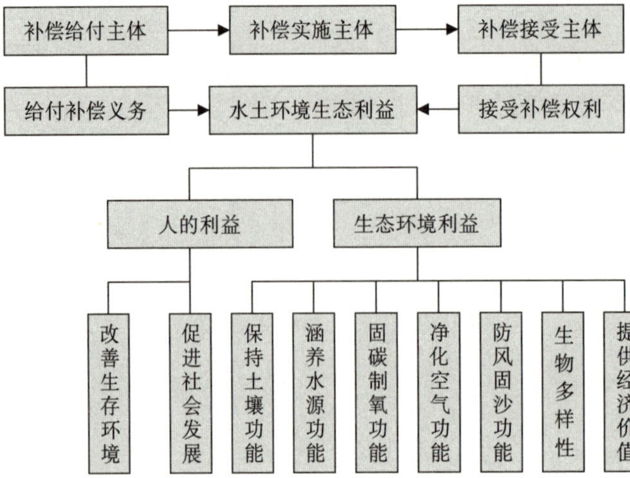

图6－2　水土保持补偿客体

6.3.7.3　确定水土保持补偿标准

现行油气资源开发水土保持补偿主要依据《水土保持补偿费征收使用管理办法》征收水土保持补偿费，分建设期和生产期两个阶段区别计征。建设期统一按征占用土地面积一次性计征；生产期油气资源和其他矿产资源分开计征，其他矿产资源依据开采量按年计征，油气资源则依据油、气生产井（不包括水井、勘探井）占地面积按年计征。开发建设期对水土保持生态服务功能的损害主因是油田地面工程建设和输油管道建设，建设期间以征占用土地面积为征收依据一次性征收基本可实现对石油产区扰动土地、损坏水土保持设施和地貌植被的补偿，计征水土保持补偿费比较合理。但生产期间的水土保持生态服务功能损失并没有获得完全补偿，补偿标准有待改进。

确定油气资源开发生产期水土保持补偿费的征收标准应考虑到以下三个方面：一是《水土保持法》规定，生产建设项目应针对其损坏水土保持设施和地貌植被，致使水土保持生态服务功能丧失或者降低且不能恢复原有水土保持生态服务功能的，缴纳水土保持补偿费。因此，油气资源水土保持补偿费征收标准的制定应参考水土保持生态服务功能物质量和价值量来进一步测算。二是油气资源开发项目仅依据油气生产井占地面积（每口井2000平方米以内），征收补偿费标准偏低。油气生产井占地面积只是油田产能用地的一部分，油区道路、管线用地、计量间、联合站等长期占压土地，面积不容小觑，应予以考虑。建议依据油田永久占地和临时占地面积折损计算补偿标准。三是开采期间除占压、扰动土地外，落地原油、注水采油、水力压裂带来的潜在地质危害和污染等生态损害，在计算水土保持补偿费时也应一并考虑，且损害程度与产量有关，建议油气生产阶段补偿费的征收把以面积为征收依据调整为以油气产量为补偿标准依据。

结合以上建议，油气资源开发水土保持生态服务功能的影响应根据油田整体占地面积折损测算，用单位产能损耗的水土保持生态服务价值衡量更加科学。

6.3.7.4　拓宽水土保持补偿途径

油气资源开发水土保持补偿的最主要途径是政府纵向财政拨款，主要的资金来源一部分是来自于国家财政补助，一部分是来自于行政事业性收费，补偿途径狭窄。制度重构的一个重要方面就是拓宽补偿途径，多渠道、多方面、多参与到水土保持补偿工作中，健全补偿机制。一方面，应考虑保证补偿资金的足额收缴，确保政府补偿这一主要途径顺利发挥作用[136]；另一方面，借鉴国外运用多种手段进行预防与治理的经验，建立辐射全国和具有油气行业特点的生态补偿基金。通过建立生态保护专项基金，设立区域性、行业性生态环保子基金，促进生态环境保护修复、环保产业发展和环保基础设施建设等。此外，通过引入市场机制鼓励油气区域政府、责任单位、社会力量和群众参与水土治理，进一步拓宽水土保持补偿资金来源途径。还可鼓励油气企业自助补偿，将企业上缴的税费反哺于企业进行环境修复，实现针对不同油气企业的利益需求选择不同的补偿条件。补偿途径应从国家拓展到社会和企业，广泛参与，共同完成补偿工作。

（1）保证财政补偿资金筹集

运用信息化手段实时监控和管理，掌握油气资源开发的工作进度，确保在开采前先征收勘探建设期的水土保持补偿费。在生产期每年中旬催缴，依法依规征收当年水土保持补偿费[137]。水利、税收等部门应进一步加大水土保持补偿费等生态税费的征收力度，保障生态补偿财政来源，专项投入资源开发等生产建设活动破坏环境的补偿和修复。各级政府应继续支持水土保持工作，逐步建立并完善矿产资源开发水土保持投入机制，拓宽资金渠道，多途径为油气资源产区的水土保持设施建设、经济发展和人民生活筹集资金。建议充分利用资本市场融资，为水土保持补偿提供持续的资金支持，如增发国债、支持石油和生态治理企业上市等，为环境治理和保护提供强有力的资金保障。优化税收结构，对各种与资源开发和环境保护相关的税种进行优化整合，保证生态环境建设税源充足。

（2）建立辐射全国和具有油气行业特点的生态补偿基金

环保基金正处于发展初期阶段，截至目前，已有江苏、陕西、安徽、河南、广东、黑龙江、四川、宁夏、浙江、内蒙古、广西、重庆、云南、辽宁等至少14个省份已成立省级环保集团，积极整合省内资源，服务省内生态环境治理。环保部于2020年7月15日正式揭牌运营国家绿色发展基金股份有限公司，以充分发挥财政资金引导作用和市场在资源配置中的决定性作用，将资金投入到防治污染等最需要的领域，进一步推动建立多元共治的生态环境保护格局。油气资源开发带动全国经济的发展，各个油气产区以其资源枯竭、环境受损为代价为全国经济建设源源不断地输送资源，为经济的腾飞提供强有力支持。因此，应鼓励非资源开发区政府、企业、组织、社会团体、公民个人积极参与到油气区生态补偿中来，以市场融资等方式投入其中。统筹生态补偿相关税费，设立全国范围的生态保护专项基金，汇总并统一管理使用，将生态补偿责任社会化、市场化、常态化。将征收的生态税费和政府资金补贴尽可能地分配给油气资源产区，用于减少油气开发对当地生态环境产生的影响。如东部及经济发达的沿海地区企业应履行社会责任，拿出部分收益建立环境可持续发展补偿基金，惠及油气开发地区，减轻资源区政府和企业的责任负担，将生态系统服务功能恢复至或高于原有水平。基金坚持政府引导、市场化运作的原则，发挥财政资金的引导撬动作用，吸引和带动社会资本加大投入、共同投资，支持环境保护治理和石油企业新型环保技术的发展，形成良好的社会效益与经济效益。另外，国家和地方政府应尽早出台对生态环境基金的相关扶持政策，需要从金融、财税政策层面支持绿色基金发展，还应加快建立适用面相对较广的环保投资绩效评价体系。从基金的创立到退出，每一个环节都要做到有理可循。

（3）实施矿山环境治理恢复基金制度

2009年，国土资源部颁布《矿山地质环境保护规定》，其中第十八条要求采矿企业应依照有关规定，缴纳环境治理恢复保证金。这一规定有效地限制了矿山企业的滥采滥挖行为，对环境保护、地质地貌恢复，提供了有力的政策依据及资金支持。由于油气资源开发占全国矿产资源开采比例较大，石油企业缴纳的矿山恢复治理保证金标准较其他资源类企业的标准高，保证金的提取加大了石油企业负担。因此，环境恢复治理保证金制度对石油企业效益影响更大。

2017年11月，环境保护部发布《关于取消矿山地质环境治理恢复保证金，建立矿山地质环境治理恢复基金的指导意见》，取消矿山地质环境治理恢复保证金制度，以基金的方式筹集治理恢复资金。资源开发企业应将退还的保证金转存为基金，用以对资源开发环境问题的治理。基金由资源企业自主使用，根据其开采地质环境保护与土地复垦方案确定经费预算、工程实施计划和进度安排等，专项用于因矿产资源勘查开采活动造成的产区地形地貌、景观破坏的预防和修复治理，以及矿产地质环境监测等方面[138]。资源开发企业的基金提取、使用，以及矿山地质环境保护与治理恢复方案的执行情况须列入矿业权人勘查开采信息公示系统。相比环境恢复治理保证金，通过建立基金的方式，筹集治理恢复资金，更有利于调动资源企业环境治理的积极性，配合环境动态监管机制统筹资金安排。

在环境治理恢复基金具体实施的过程中，其主要收取对象为油气田的开发者，基金的规模主要取决于油气田规模，同时受油气资源开采条件及技术等影响，在进行管理的过程中应对基金设置专门账户，保证其专项使用、足额到户，为遭受油气资源开采影响的环境、生态的治理与恢复以及对矿区居民提供补偿。

（4）鼓励油气企业进行自助补偿

政府应充分考虑到税收优惠、政策扶持等鼓励手段在水土保持补偿建设中的重要作用，推动企业更积极地治理水土问题。油气开采过程中，油气资源开发企业向政府部门缴纳环境相关税费，政府通过征税优惠，反哺于油气资源开发企业，鼓励企业出资用于油气资源产区环境的可持续发展建设。油田开发完成后会遗留大量闲置资产，需要在土地规划、城建等方面给予政策照顾，协调油气开发相关配套产业落户，发展绿色能源接替后续产业，有效利用国有企业闲置资产，促进老油区转型发展。对于收入过多、纳税较多的油气资源开发企业，可以利用退税政策或者免税政策为条件，让企业更积极地治理水土流失问题。对于急需用地审批的企业，相关部门可以利用“用地批准优先权”为条件，约束企业履行水土保持治理的承诺。

总之，渠道多样化会更具鼓励性，获得企业积极的回应也更明显，有利于提高水土保持工作的效率效果。针对不同侵蚀区情况，还应实行分区补偿管理。只有生态补偿资金具有稳定可靠的来源，水土保持补偿制度才能在生态环境治理中发挥应有的功能效应。

6.3.7.5　增加水土保持补偿方式

油气资源开发对受偿主体进行补偿时基本以政府补偿为主，最主要的补偿方式就是资金补偿。油气企业以上缴水土保持税费方式分出部分收益，补偿开发地区受损的水土环境利益，政府统筹安排征收的水土保持补偿税费，主要以资金补偿方式支持油气产区的生态环境恢复建设。补偿方式单一，对市场补偿的呼声越来越大。重构补偿制度应考虑增加补偿方式，建立以政府资金补偿为主、市场补偿为辅、社会补偿为补充的补偿方式。

（1）资金补偿

资金补偿主要来源是政府财政转移支付，属于输血型生态补偿方式。资金补偿可以通过水土保持工程建设修复受损的水土保持设施，快速且直接弥补资源产区居民和环境的直接损失。陕西省 2017 年下达项目资金 7.28 亿元启动国家水土保持重点建设工程项目 190 项，2018 年投资 18 亿元，推行“近自然水土保持”措施，全面完成国家水土保持重点工程建设任务[139]。“十三五”期间，国家安排中央投资 98.7 亿元，实施湿地保护与修复项目 53 个，新增湿地面积 20.26 万公顷。较“十二五”期间，中央投资增加了 43.41%。需要注意的是，采取资金补偿方式，特别要严格控制资金流向，由政府设定专门的水土保持补偿费等税费管理机构对补偿资金进行监管和绩效审计，严防补偿资金被截留和挪用，确保补偿资金落到油气开发生态受影响地区，切实发挥补偿资金在油气产区生态环境保护中的作用。

（2）政策补偿

政策补偿是政府补偿的一种方式，通过优惠贷款、减免收费等政策倾斜，以激励油气开发企业合理开发，恢复和保护油气开采区生态环境。建议运用企业所得税收优惠政策进行技术补偿，鼓励油气资源开发企业引进先进技术，最大限度降低压裂技术对地层的破坏和落地原油污染等问题，对资源开发区域周围水土保持补偿工作给予技术支持，提高资源型城市整体技术水平，是一种共赢共利、共生共荣的补偿方式，具有可持续性。

（3）市场补偿

运用市场补偿，依照市场化规则对生态环境破坏者进行惩戒，对环境保护者进行奖励补偿，拓宽横向补偿。对水土保持工作贡献者探索实物补偿、就业补偿、智力补偿等多元化补偿方式。如对实施水土保持工作而受到损失的农户给予农机、农械、农肥等物质补偿，发行水土补偿或生态福利彩票，以吸纳社会筹资，结合市场作用，拓宽补偿形式。油气资源开发地区，鼓励民营企业等社会力量通过承包、租赁、股份合作等形式参与水土保持工程建设。

(4) 社会补偿

全社会范围内培育和完善水土保持社会化服务体系，大力推进政府购买服务。推动国家水土保持生态文明工程建设，调动油气开发地方政府和群众参与当地水土保持的积极性和主动性。

油气资源开发水土保持补偿的形式既可以是货币式的资金补偿也可以是政策补偿、土地补偿、智力补偿、技术补偿、生态移民等非经济形式，最终体现为油气资源生态补偿所产生的水土保持生态服务效益。

6.3.7.6　构建油气水土保持法律制度体系

水土保持补偿离不开系统的法律制度规范，制度重构的一个重要内容是以完备的法律制度体系做依据。法律制度体系仍然以《水土保持法》和《水土保持补偿费征收使用管理办法》为核心进行完善修订，在其他环境保护相关法律中体现油气资源开发水土保持补偿有关具体规定，增加水土保持相关法律法规，构建油气资源开发水土保持法律制度体系，如图 6－3 所示。

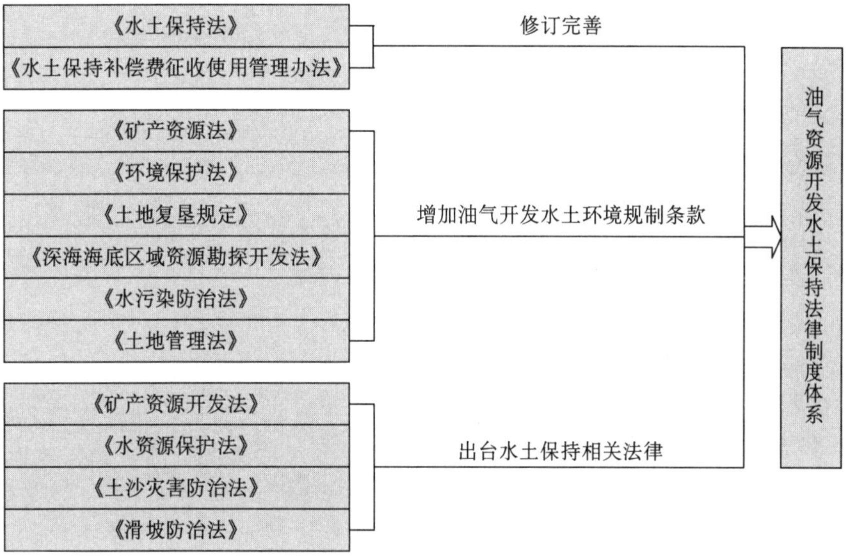

图 6－3　油气资源开发水土保持补偿法律制度体系

上述油气资源开发水土保持补偿法律制度体系的构建，考虑的主要因素：

(1) 修订《水土保持法》

《水土保持法》第二十五条因“四区”界定不清，建议将“在山区、丘陵区、风沙区以及水土保持规划确定的容易发生水土流失的其他区域开办可能造成水土流失的生产建设项目，生产建设单位应当编制水土保持方案”，修改为“开办可能造成水土流失的生产建设项目，生产建设单位应当编制水土保持方案”。

（2）将油气开发水土环境规制条款融入其他法律环境

矿产资源和环境保护相关法律制度还应更加全面和细化，根据油气资源开发等生产建设项目特点细致划分，充分运用法律的强制性来保障水土保持工作的有法可依，从根本上解决水土流失的环境问题。

（3）借鉴发达国家经验出台水土保持相关法律

针对资源开发应进一步出台《矿产资源开发法》，实行严格的开采审批制度；经过多年历史积淀，健全水土保持相关法律体系，出台多项法律细化水、土、沙、灾等各项工作，如以保护水资源和改善水环境状况为宗旨的《水资源保护法》、以土砂灾害防治为基本方针的《土砂灾害防治法》和边坡滑坡预防治理的《滑坡防治法》等。全面营造用最严格的法律制度保护水土资源的法治环境，加快构建完备的水土保持法律制度体系。

进一步细化资源开发环境规制相关法律法规，有利于全面加强对油气资源开发行为水土保持管控，加快能源区水土流失治理，推动油气资源开采趋向绿色生产方式。

6.3.7.7 强化水土保持方案审批制度

党的十九大报告指出：今后一定时期仍将处于快速发展的关键期，加强生产建设项目过程的水土保持监测监控、管理管控对生态环境造成影响，是新时期水土保持十分重要的责任。要严格水土保持方案审批制度，对水土保持生态服务功能明显降低、水土流失状况严重恶化以及划定为自然保护区、饮用水水源保护区、重要湿地等生态保护红线的区域，水行政主管部门应对区域内生产建设项目水土保持方案限制审批。在加强管理和严格控制方面，加强对取土、挖砂、采石、烧窑、修路等活动的监督管理。从事油气资源勘查、开采等生产建设经营活动需开挖山体的石油企业，应当依法办理相关审批手续，并采取有效措施，防止地质灾害、环境污染和水土流失情况，做好水土保持、植被恢复和土地复垦工作。

6.3.7.8 改进地方政府水土保持生态文明建设考核体系

党的十八大以来，国家将资源消耗、环境效益等指标纳入经济社会发展综合评价体系，并增加考核权重。2016 年出台的《生态文明建设目标评价考核办法》，以“绿色发展指数”作为评价地方政府每年生态文明建设的成效，其中就包括一项水土保持指标。以“水土流失影响综合指数”评价地方政府的水土保持工作成效，综合指数包括水土流失情况变化、水土流失的预防保护、水土保持综合治理情况等客观性指标。2017 年 3 月 6 日，水利部印发《关于推进水土保持目标责任考核的指导意见》，明确要全面建立省级人民政府对市县人民政府的水土保持目标责任考核制度。实际上，目前已有四川等 7 个省（自治区、直辖市）开展了水土保持目标责任考核实践工作，对其内容、指标、考核方法及相关追责等方面做了较明确的规定。除此之外，其余省份并未建立对本地区各级政府水土保持目标责任的考核奖惩制度，未明确符合本地区水土流失特点的考核内容和考核指标，考核相关工作安排也未落实，与水土保持法的要求相比，这项工作的进程严重滞后。已开展目标考核的 7 个省份在重点预防区和重点治理区也未达到纵横全覆盖，考核指标的设计偏重实施进度未兼顾长远利益，仍未形成完备性、可操作性、理论性强的水土保持目标责任考核指标体系。

建议推动地方尽快建立并落实水土保持目标责任考核奖惩制度，适时开展国家对各省（自治区、直辖市）实施水土保持规划情况的考核评估，推动各省（自治区、直辖市）尽快出台水土保持目标责任考核奖惩相关政策。可单独开展考核或将水土保持目标责任考核纳入本地区各级政府绩效考核，进一步强化对地方政府水土保持责任的监督管理。根据国家对生态红线的管控要求，以“资源开发区内水土流失面积不增加、水土流失强度不加剧、水土保持生态服务功能不降低”作为评价和考核底线，并根据评价结果对主要部门责任者进行奖惩。加快构建全社会范围内系统完备、规范高效的生态文明制度体系，是油气资源开发水土环境建设的有力支撑。

6.3.7.9　提高水土流失监测能力

大数据时代已然到来，水土流失监测要有新作为，方有新突破。一是加快建立实施水土流失动态监测体系。加快省级地方政府建立水土流失监测评估体系，开展水土流失动态监测，为区域水土流失生态安全预警、依法落实市县级政府水土保持目标责任制和考核奖惩提供支撑。建立健全分级负责的水土流失动态监测体系，完善水土流失动态监测技术标准体系，完善生产建设项目监督性监测和水土保持重点工程治理成效监测机制，不断提高对水土流失生态安全预警、水土保持目标责任及有关生态评价考核等的支撑力度。推动各省（自治区、直辖市）水土流失动态监测网络及信息化建设进程，尽快编制出台各省（自治区、直辖市）水土流失动态监测网络建设规划，明确近期水土流失动态监测和水土保持信息化监管的总体目标、主要任务和保障措施。二是提高水土保持跟踪监测技术。优化调整、升级改造现有监测站网，构建布局合理、功能完备、上下协同的监测网络。加快智能技术与水土保持监测工作深度融合，综合应用地理遥感、地面观测、抽样调查等方法和手段，大力推进无人机监测、多尺度遥感、GIS 技术、移动采集系统、自动测试和数据传输设备在水土流失动态监测中的应用。参考美国加州地方政府的监测经验，针对油气开发水利压裂技术施工，以注入为核心，围绕压裂液的构成选择、注入过程进行动态监控，对注入后的地下水层实时监测，开展更具针对性和专业化的监督工作。全面构建水土保持监测预测长效机制和动态反馈、智能决策的水土保持发展新模式，为新时期水土流失综合治理以及生态文明建设宏观决策提供依据。

6.3.7.10 增设地方油气环保专门监督机构

油气监管制度经历了从单一到分散再趋向统一的改革过程。新中国成立至今，国务院不断调整职能部门负责石油、化工工业管理。从最初始的燃料工业部、化学工业部和石油工业部到能源部。1998 年，中石油、中石化、中海油三大石油公司成立，国务院组建国家石油与化学工业局（简称国家石化局），政府系统中石油管理部门单一。目前，承担有油气监管职能的机构有多家，油气矿权的许可证审核颁发由国土资源部负责；油气开发规划、计划、政策的制定和监督实施，石油天然气的储备管理和石油管道安全由国家能源局下属的石油天然气司（国家石油储备办公室）负责；油气开发的行业准入和投资项目审批由国家发改委负责；油气安全生产由国家安监总局监管；海洋石油开发由国土资源部下属的国家海洋局负责；石油化工环境污染由环保部门负责。监管部门多容易出现“令出多门”“多龙治水”的现象，导致监管效率低下，是比较突出的问题。油气行业是典型的高污染风险产业，但油气监管却一直是政府监管的薄弱环节。2018 年 3 月，成立生态环境部，统筹多方治理问题。2020 年 4 月 29 日全国人大常委会通过了新修订的《固体废物污染环境防治法》，2020 年 12 月 9 日国务院通过了《排污许可管理条例》，为油气行业的环评和排放管理提供了法律依据。

油气环境监督工作在中央统筹管理的基础上，更需要地方成立执法专门机构，进一步加强与各地方石油公司的监管和联系。油气污染的预防和治理需要结合油气开发技术特点和环境技术要求共同开展，建议在油气生产大省建立地方性的油气环境执法专业机构，将环保、水利、安全、国土、交通等部门职能中涉及油气勘探、开采、运输等事项的环境监管权限委托给该机构，负责具体履行油气生产的日常监管和执法。机构应吸收油气勘探开发相关技术人员加入，通过人事聘任等方式选用有油气开发一线工作经历的技术人员同机构内的环境监测技术人员组成监管小组，执行监管和督导事务。其工作程序与油气企业施工作业进度保持一致，做到同时施工、同时监管、同时处理，监督执法工作不给企业增加额外负担。地方成立的执法专门机构有助于更加细致和深入地指导石油公司环境管理工作，是对企业自我管理的有效补充。在油气企业实施勘探开发行为前对审核作业许可证、作业环境可行性论证等进行事前监管，对施工作业行为规范性进行事中监督，事后对废弃井、留置井等善后事务的处理和落地原油等跟踪评估目的是控制和掌握油气勘探开发作业可能遗留的环境危害。

6.3.7.11　收集油气资源开发水土流失相关信息

近年来，全国各地各级水土保持管理机构不断加强能力建设，但因为工作量日益繁重、新要求不断提高，水土流失信息收集技术支撑能力不足，油气资源开发造成水土流失的计量数据很难落实。一方面，应设立合理有效的信息收集体系，保障对收集水土保持工作信息的有效进行。国家计委已经批准立项全国水土保持监测网络与水土流失管理信息系统。其中的关键问题包括监测网络结构、监测站点布设、监测指标体系、动态数据采集、水土保持管理信息系统开发等，亟待研究解决。另一方面，结合《全国水土流失动态监测规划(2023—2028 年)》，逐步建立水土保持监测设备计量检定和检验检测制度，为监测网络与水土流失管理信息系统的可靠性和准确度奠定基础，并配套构建水土流失动态监测预警子系统，包括：水土流失动态数据库、水土流失防治动态数据库和水土保持预防监督数据库。

油气资源开发水土流失信息收集需要企业、有关部门、当地居民的共同举力。加强水土流失信息收集人员的宣传和教育，提高开采区全社会水土保持的意识，增强法制观念。严格执行水土保持信息收集的准确性、高效性，将水土保持信息的收集落实到整改工作的全过程中。设立组长，对收集到的信息进行汇总，使信息及时呈递到有关部门以便管理部门做出决策并制订合理的水土保持实施性计划。明确水土保持目标，并责任到人进行实施收集，确保信息收集体系有效运行。

6.3.7.12　监督水土保持相关费用使用效果

在水土保持相关费用使用管理方面，地区政府可发起设立水土保持补偿基金理事会，具体负责管辖范围内水土保持补偿费的征收、分配和管理运作。理事会成员可由水行政主管部门、环保部门、银行、企业等成员兼任，成员主要采用聘请、派驻和指定的形式，并定期轮换。水土保持相关费用使用接受财政、价格、人民银行、审计部门和上级水行政主管部门的监督检查。费用使用的管理与监督要分离，防止权力滥用，降低监督效果。要建成行政主管机关内部监督与社会公众外部监督相配合的监督体系。政府及其相关行政部门负责内部监督，企业、其他单位和社会群众负责外部监督，对水土保持相关费用的使用进行全程监督。

本章小结

本章在阐述油气税费改革遵循的基本原则基础上，重点提出改革油气税费的对策与建议。改革油气税费应着力解决改进油气生态补偿税费制度体系、健全油气资源专项税收优惠政策、税费制度设计体现油气行业特点等主要问题。就具体税费种类而言，增值税应加大增值税优惠力度等；消费税应加快落实成品油消费税征收环节后移等；所得税应增加税收优惠、采用差别税率；资源税应完善计税依据、提高税率并加大优惠减免力度、建立资源耗竭补偿基金等；环境保护税应扩大征收范围，完善环境保护税收优惠及使用制度等；石油特别收益金应调整征收方式等；水土保持补偿费应明确补偿主体、客体和标准，拓宽补偿途径，增加补偿方式，构建油气水土保持法律制度体系等。

结　论

本书从油气资源发展战略的角度出发，以油气税费为研究对象，在阐述中国油气资源发展战略、深入分析油气税费改革历程的基础上，重点剖析了制约油气资源发展战略的税费问题，借鉴国外主要产油国油气战略及其税费改革经验，提出了深化改革油气税费遵循的原则、对策与建议。通过研究得出如下结论：

第一，中国的油气资源勘探、开发和油品消费存在诸多问题有赖于实施油气资源发展战略。坚持常规油气与非常规油气并举、开发与节约并重、优化油气资源配置、改善能源结构、增加战略储备、立足国内发展海外的油气资源发展战略是解决问题的关键，而油气资源发展战略的实施又有赖于包括税费制度在内的宏观调控手段的改善。

第二，油气税费制度是调控油气资源勘探、开发以及油品加工、销售的重要经济手段。在理论层面，油气资源税费对油气产业结构、石油供需、石油投资等均产生一定的影响。

第三，中国油气税费形成经历了曲折的发展历程，初步形成比较完善的税费体系。中国油气税费经历了萌芽、停滞、发展、改革、调整和完善六个阶段，税费对油气资源调控力度逐渐增强。为适应市场经济发展和油气资源开发利用的需要，国家适时对与油气相关的增值税、消费税、营业税、企业所得税、资源税等进行了补充调整，并开征了矿区使用费、石油特别收益金等，对包括油气企业、消费者在内的纳税主体产生较大影响，表明国家开始从油气行业特点出发调整税费制度，其积极意义值得肯定。

第四，国外主要产油国油气税费制度经验值得借鉴。国外主要产油国油气税费可划分为专项税费和通用税费，油气专项税费以红利、矿业权租金、权利金、资源耗竭补贴为主；油气通用税费以增值税、消费税、公司所得税、关税为主。国外主要产油国油气税费在税费体系、税费模式、税收优惠政策等方面给予我们深刻的启示，其油气企业税收制度的成功经验，为中国油气企业增值税制度的完善提供了借鉴性的参考。

第五，中国油气税费在政策理念、体系设计及具体税种方面存在诸多亟待解决的问题。在税费体系设计方面存在利益分配制度有待完善、未充分考虑油气资源可持续发展、税费征收机制不够合理、不利于油气资源发展战略实施等问题；在税费理念方面存在油气生态补偿制度存在缺失、油气专项税费优惠有待完善、税费理念未能充分体现油气行业特点等问题；在税费种类方面，增值税存在负担整体偏高、优惠力度不足等问题，消费税存在税收分配机制不够科学、征收环节不够合理等问题，企业所得税存在中央和地方利益分配未考虑生态补偿、税收优惠形式单一等问题，资源税存在立法宗旨不够明确、计税方式不尽合理等问题，环境保护税存在缺乏油气行业针对性、征收范围过窄等问题，石油特别收益金存在征收方式不合理等问题，水土保持补偿费存在按照油气生产井占地面积征收未能充分考虑水土保持生态服务功能损害因素等问题。这些问题对油气行业的发展、保障石油安全、保护环境等都产生了不利影响。

第六，确定油气税费改革原则应立足于油气资源开发利用的内在规律和特点。油气税费改革是税制改革的重要组成部分，除了要遵循“简税制、宽税基、低税率、严征管”的基本原则外，还要本着协调统一、科学发展、系统调整、促进油气资源发展战略实施、基础产业优先发展等原则进行。

第七，油气税费改革应着力改进生态补偿税费制度体系、健全资源专项税收优惠政策、构建体现行业特点税费制度。增值税应加大优惠力度、调整分成比例、降低油气工程企业留抵退税门槛；消费税采用税收共享模式、征收环节由生产环节后移至销售环节、调整为价外税；所得税给予油气资源地政府额外分成、增加税收优惠、采用差别税率；资源税应明确资源税立法宗旨及目的、完善计税依据、提高税率并加大优惠减免力度、建立资源耗竭补偿基金；环境保护税应完善税收优惠及使用机制、扩大征收范围、加强部门间及企业部门间工作协调性和配合度；石油特别收益金应完善中央政府与地方政府分配管理，调整征收方式；水土保持补偿费应明确主体、客体、补偿标准，拓宽水土保持补偿途径、增加补偿方式等。

参考文献

[1] 张磊，郑丕谔，王中权．中国石油业的安全形势分析与发展策略选择［J］．现代财经，2007（03）：62－66.

[2] 田泽．世界油气资源现状及未来趋势预测［J］．新疆社会科学，2007（02）：24－29.

[3] 王甲山．新税制实施后陆上油气企业税负加重的原因［J］．税务与经济，1999（01）：11－13.

[4] 陈建荣．重组改制对石油税收的影响及政策建议［J］．油气企业管理，2000（01）：40－42.

[5] 张晶．中国油气资源税费制度现状及优化建议［J］．油气田环境保护，2016，26（04）：53－55＋62.

[6] 孙磊．油气企业增值税留抵原因分析及应对机制探讨［J］．贸易经济，2019（08）：3－5.

[7] 田磊，刘小丽，张有生．中国油气行业税费制度改革研究［J］．国际石油经济，2014，22（12）：5－9＋15＋103.

[8] 王慈．中国成品油消费税税收政策研究［D］．内蒙古大学，2016.

[9] 补萍．中国汽柴油消费税税率优化研究［D］．中国石油大学（华东），2017.

[10] 宋婧．基于生态补偿的油气资源税费制度变革取向［J］．政法学刊，2017，34（05）：21－26.

[11] 魏嘉蒙，蔡培峰．油气资源领域权益金制度改革及其影响［J］．宏观经济管理，2019（04）：85－90.

[12] 王静，王萌．国际油气合作项目中外税制的对比［J］．化工管理，2016（29）：117.

[13] 王甲山，王建铭．油气企业税费制度沿革及改革建议［J］．辽宁工程技术大学学报，2004（04）：355－357.

［14］罗东坤．促进石油工业健康发展的税收政策探讨［J］．税务研究，2005（10）：42－44.

［15］赵迪．油气企业税费制度沿革及改革建议探讨［J］．财经界，2020（03）：227.

［16］盛锐．中国油气资源收益分配制度研究［D］．东北财经大学，2015.

［17］崔娜．共享发展理念下矿产资源开发收益分配机制研究［J］．中国矿业，2020，29（02）：46－51.

［18］林伯强．燃油税改革机不可失［N］．中国能源报，2016－07－18（004）.

［19］邓夏．燃油税对城市交通节能的影响［J］．区域治理，2019（50）：238－240.

［20］张含笑，付一航．非常规油气开发财税政策研究［J］．全国流通经济，2017（02）：94－95.

［21］孙金凤，单凯．中美页岩气扶持政策梳理和实施效果研究［J］．中国石油大学学报（社会科学版），2021，37（04）：18－24.

［22］王甲山，袁学懿，王井中．中国油气企业税收筹划问题研究［J］．辽宁工程技术大学学报（社会科学版），2007（01）：24－26.

［23］李绍萍．石油企业纳税筹划研究［D］．东北石油大学，2013.

［24］郑雪霞．油气企业纳税筹划风险分析及防范措施［J］．现代商业，2018（21）：130－131.

［25］骆徐姗．高耗能企业纳税筹划——以中国石油天然气股份有限公司（国内）为例［J］．现代盐化工，2020，47（05）：124－125.

［26］王琳，方瑞瑞，王文慧．中国油气企业环保税实施问题思考［J］．商业文化，2020（19）：34－35.

［27］汤伦．新环保税背景下A企业环境成本控制研究［D］．南华大学，2020.

［28］卢丽滟．国际税收改革新趋势对集团企业的影响及建议——以中石油集团为例［J］．国际商务财会，2019（09）：24－26.

［29］单向超．国际石油工程项目税务管理与风险管控分析研究［J］．现代商业，2020（35）：114－116.

［30］单卫国．国外石油税制研究（上）［J］．国际石油经济，1996

(03): 47 - 51 + 37.

[31] 高世星. 十国石油税收政策比较 [J]. 涉外税务, 1993 (07): 21 - 22.

[32] 韩继秋. 中外矿产资源税费体系比较与设计研究 [D]. 中国矿业大学 (北京), 2016.

[33] M R Tsibulnikova, D V Salata, V V Drebot, E A Vorozheykina. Petroleum taxation: a comparison between Russia and Kazakhstan [J]. IOP Conference Series: Earth and Environmental Science, 2016, 43 (1).

[34] 王守春. 中美油气行业税费负担比较分析与政策建议 [J]. 当代石油石化, 2020, 28 (08): 7 - 10 + 48.

[35] 马秀明. 哈萨克斯坦与中国油气项目经济评价中税费的对比分析 [J]. 石油规划设计, 2019, 30 (04): 42 - 45 + 54.

[36] Kerstin Engström, Mats Lindeskog, Stefan Olin, John Hassler, Benjamin Smith. Impacts of climate mitigation strategies in the energy sector on global land use and carbon balance [J]. Earth System Dynamics, 2017, 8 (3).

[37] E Iadrennikova. Improvements to motor fuel taxation in Russia as impetus for sustainable development of cities [J]. IOP Conference Series: Earth and Environmental Science, 2018, 177 (1).

[38] Mohammad Haider Kamruzzaman, Takeshi Mizunoya. Quantitative analysis of optimum corrective fuel tax for road vehicles in Bangladesh: achieving the greenhouse gas reduction goal [J]. Asia - Pacific Journal of Regional Science, 2020 (prepublish).

[39] Olagunju Kehinde J, Omotola Adeniyi A, Nuga Kehinde A, Phillips Samuel Ademola. Statistical Analysis of Impact of Non - Oil Tax Revenue on the Nigeria Economy [J]. Journal of Economics and Sustainable Development, 2019, 10 (6).

[40] Lindholt Lars. Effects of higher required rates of return on the tax take in an oil province [J]. Energy Economics, 2021, 98.

[41] 梁刚, 萧芦. 2016 年世界石油储产量及天然气储量 [J]. 国际石油经济, 2017, 25 (01): 105 - 106.

[42] 梁玲, 孙静, 岳脉健, 耿惠丽. 全球能源消费结构近十年数据对比分析 [J]. 世界石油工业, 2020, 27 (03): 41 - 47.

[43] 刘婕. 2030 年全球天然气需求将增长 10% [J]. 天然气勘探与开

发，2019，42（01）：14－14.

［44］全国能源信息平台．自然资源部发布《全国石油天然气资源勘查开采通报（2019年度）》［DB/OL］，2020－07－30.

［45］杨振宇．非常规油气将成为重大战略接替［N］．中国石油报，2019－05－16（004）.

［46］油立方．非常规油气规模开发还有多远？——中国非常规油气开发观察与思考［DB/OL］，2019－07－08.

［47］李晗．探究中国石油经济发展的现状与途径［J］．现代商业，2020（07）：146－147.

［48］仝晓波，李玲．中国社科院发布《中国能源前景2018—2050》［DB/OL］，2018－06－27.

［49］雷琳琳，李亚男，彭治超．从世界油气资源发展形势看中国油气资源发展战略［J］．中外能源，2019，24（04）：1－7.

［50］石油观察家．中国石油"十三五"油气勘探重大成果与"十四五"发展战略［DB/OL］，2021－01－21.

［51］周文丰．生态税制改革促进可持续发展理论初探，东岳论丛，2004，（07）：136－138.

［52］中国石油新闻中心．非常规油气需要"非常规"人才——中国科学院院士邹才能［DB/OL］，2020：11－12.

［53］陈伟立．放宽视野看中国油气资源发展战略［N］．中国石化报，2005（12）：1－2.

［54］中国可持续发展油气资源发展战略研究课题组．中国可持续发展油气资源发展战略研究［J］．国土资源通讯，2003（02）：37－41.

［55］寇铁军．财政学［M］．大连：东北财经大学出版社．2002.

［56］马克思．资本论（第三卷）［M］．北京：人民出版社．1975.

［57］曹英耀．应恢复马克思地租理论在价格构成中的地位［J］．湖北经济学院学报，2005（06）：36－38.

［58］刘琪．浅析地价与地租、房价与房租之间的关系［J］．价格理论与实践，2006（08）：41－42.

［59］李仲学．矿业经济学导论［M］．北京：煤炭工业出版社，1994：23－25.

［60］Hotelling H. The Economic of Exhausible Resources［J］. Journal of Political Economy. 1931 (39): 75 - 137.

[61] 黄锡生. 矿产资源生态补偿制度探究 [J]. 现代法学, 2006 (06): 122 - 127.

[62] 陈松. 可持续发展与依法治国 [J]. 江西行政学院学报, 2004 (06): 8 - 9.

[63] 杨淑艳. 从经济 - 社会 - 生态三维度看可持续发展战略, 2008 (06): 43 - 48.

[64] 刘思华. 90 年代中国生态经济发展展望 [J]. 社会科学探索, 1991 (06): 89 - 91.

[65] 朱坚强, 韩狄明. 可持续发展概论 [M]. 北京: 立信会计出版社. 2002.

[66] 倪红日. 运用税收政策促进中国节约能源的研究 [J]. 税务研究, 2005 (09): 3 - 6.

[67] 刘国军. 关于需求价格弹性的探讨 [J]. 吉林省经济管理干部学院学报, 2006 (04): 52 - 54.

[68] 王伟同, 郑海燕. 油气行业发展的政策环境分析 [J]. 化工技术经济, 2005 (03): 8 - 10.

[69] 穆从如. 石油开发对黄土高原地区生态环境的影响研究. 地理研究, 1994, 13 (4): 19 - 27.

[70] 赵建平, 王寿平, 靳凤兰. 税收理论与石油税制 [M]. 石油工业出版社, 2000 (06): 8 - 8.

[71] 童香英, 陈加国. "营改增" 对地方财政收入的影响 [J]. 合作经济与科技, 2015 (18).

[72] 国家税务总局网. 财政部, 国家税务总局发布《油气企业增值税暂行管理办法》[DB/OL], 2000 - 3 - 13.

[73] 国家税务总局网. 财政部, 国家税务总局发布《油气企业增值税管理办法》[DB/OL], 2009 - 2 - 1.

[74] 朱建军. 国外石油税制研究 (下) [J]. 国际石油经济, 1996 (04): 43 - 48.

[75] 乔恩言. 油气企业在国家石油安全战略中的作用 [J]. 现代化工, 2005 (07): 9 - 12.

[76] 连晓燕. 浅析 "营改增" 政策对油气企业的影响 [J]. 中国外资,

2014 (01): 2-3.

[77] 平音. 增值税改革（2012年至2019年）效果分析 [J]. 时代金融, 2019 (29).

[78] 国家税务总局网. 财政部，国家税务总局发布《关于消费税有关问题的公告》[DB/OL], 2012-11-6.

[79] 法制日报.《油气资源改为从价计征定率》[DB/OL], 2011-11-1.

[80] 艾桂梅，方小美. 世界主要产油国系列资料：北美、欧洲地区[Z]. 中国石油天然气总公司外事局，1995.

[81] 国家税务总局网. 财政部，国家税务总局发布《关于调整原油、天然气资源税有关政策的通知》[DB/OL], 2014-12-1.

[82] 国家税务总局网. 财政部，国家税务总局发布《关于资源税有关问题执行口径公告》[DB/OL], 2020-9-1.

[83] 张贡生，马衍伟. 中国石油资源税费存在的问题与改革思路 [J]. 兰州商学院学报, 2007 (06): 27-38.

[84] 财政部、国家发展改革委. 印发《关于水土保持补偿费收费标准（试行）的通知》[J]. 2014 (05): 1-5.

[85] 财政部、国家发展改革委印发《关于降低电信网码号资源占用费等部分行政事业性收费标准的通知》[J]. 2017 (11): 1-3.

[86] 证券时报第A002版：税费改革为何不单独开征燃油税.

[87] 厉桦楠. 中国能源资源开发补偿机制构建——以油气资源为例 [J]. 齐鲁学刊, 2019 (02): 113-119.

[88] 海梦杰，姚文英. 新疆油气资源开发央地企利益分配关系研究[J]. 绿色财会, 2019 (03): 46-52.

[89] 王育宝，胡芳肖. 新时代中国油气开采财税收入制度改革的方向 [J]. 北京工业大学学报（社会科学版）, 2020, 20 (04): 40-48+57.

[90] 门相勇，王陆新，王越，娄钰，郭威. 新时代中国油气勘探开发战略格局与2035年展望 [J]. 中国石油勘探, 2021, 26 (03): 1-8.

[91] 于洋.《资源税法》让油企更美 [J]. 中国石油石化, 2019 (18): 48-51.

[92] 葛维宁，马克，丁锋. 我国油气资源监督管理现状分析及建议[J].《中国矿业》, 2013, 22 (08).

[93] 李文斌. 完善石油企业所得税的思考 [J]. 中国管理信息化, 2008,

(21).

[94] “有形之手”让低品位油藏沐浴阳光 [J]. 中国油气企业，2019 (03)：38 - 39.

[95] 龚昕．“营改增”对石油工程企业增值税负的影响分析 [J]. 现代商业．2020，(21).

[96] 李娜．完善增值税留抵退税政策研究 [D]. 中国财政科学研究院．2021.

[97] 陈锡富．中国成品油消费税监管现状及相关建议 [J]. 国际石油经济，2021，29 (09).

[98] 江海．我国环境保护税的法律研究 [J]. 行政事业资产与财务，2021 (12)：84 - 86.

[99] 李媛媛，高磊，车鑫．油气资源合理利用税费政策探析 [J]. 大庆社会科学，2018，(05).

[100] 王金梁．油田企业可持续发展税费政策探讨 [J]. 中国经贸导刊，2012 (23)：28 - 30.

[101] 田磊，刘小丽，张有生．我国油气行业税费制度改革研究 [J]. 国际石油经济，2014，22 (12).

[102] 高萍．环境保护税实施情况分析及完善建议 [J]. 税务研究，2019，(01)：21 - 24.

[103] 王琳，方瑞瑞，王文慧．我国石油企业环保税实施问题思考[J]. 商业文化，2020 (19)：34 - 35.

[104] 顾洁，环境保护税征缴过程中存在的问题与应对措施研究 [J]. 中国外资，2019，(14)：11 - 12.

[105] 盛锐．我国油气资源收益分配制度研究 [D]. 东北财经大学，2015.

[106] 范国权．关于石油特别收益金征收方式的探讨 [J]. 中国总会计师，2012，(11)：48 - 59.

[107] 王海燕等．油田道路对水土保持功能的影响评价 [J]. 水土保持通报，2018 (12)：127 - 131.

[108] 中华人民共和国水利部网站．中国水土保持公报[EB/OL]. http：//www. mwr. gov. cn/sj/tjgb/zgstbcgb/.

[109] 中华人民共和国水利部网站．关于政协第十三届全国委员会第四

次会议第0831号（资源环境类080号）提案答复的函［EB/OL］. http://www.mwr.gov.cn/zwgk/gknr/202111/t20211101_1549504.html，2021－07－27.

［110］蒋瑞雪．完善陕西油气开发中地下水保护法律体系的思考［J］．环境与发展，2016（12）：1－5.

［111］孙春强．全球矿产权利金的分类比较研究［J］．经济研究参考，2015（33）：56－60＋77.

［112］李绍平，刘桢君．基于中国石油安全的税收政策分析［J］．辽宁工程技术大学学报（社会科学版），2007（09）：471－474.

［113］任忠和，李伯虎，孔繁忠．利用税费手段鼓励开发边际油田［J］．大庆石油地质与开发，1999（05）：49－51＋54.

［114］陈欢欢．最新《bp世界能源统计年鉴》发布［N］．中国科学报，2021－08－23（003）.

［115］吴文洁，胡健．中国石油税费制度及其国际比较分析［J］．西安石油大学学报（社会科学版），2007（06）：5－13.

［116］M. G. . J. den Elzen，A. P. G. The Bonn Agreement and Market under the Marrakech Accords：An updated an alysis Geoscience Canada［J］．RIVMreport，2001（9）：13－15.

［117］刘斌．燃油税政策的国际比较与启示［J］．涉外税务，2007（06）：41－44.

［118］孟丽，尚可文．国外石油税制比较分析及政策建议［J］．税务与经济，2007（06）：15－17.

［119］蔺丽爽．财政部提高“石油暴利税”起征点［J］．西部资源，2015（01）：53.

［120］谈捷．中外石油税制对比分析及政策改革建议［J］．当代石油石化，2004（10）：29－32.

［121］马志光，方美兰．日本汽车节油经验及其对中国的启示［J］．国际石油经济，2005（08）：33－36.

［122］高吉强，吴春海，曹也．日本汽车相关税制研究［J］．北京汽车，2020（02）：28－33.

［123］蒲志仲．美国石油资源费税分析［J］．国际石油经济，1997（5）：16－44.

［124］刘运．中外石油财税制度比较研究［D］．西南石油学院，2005.

［125］ 胡征钦．世界主要产油国系列资料：中东地区［Z］．中国石油天然气总公司外事局，1995.

［126］ 卫培．印度尼西亚产量分成合同与毛利润分成合同比较分析［J］．石油化工技术与经济，2020，36（05）：9－13.

［127］ 艾桂梅，徐建山等．世界主要产油国系列资料：亚太地区［Z］．中国石油天然气总公司外事局，1995.

［128］ 王甲山，王井中．中国矿产资源可持续发展税费问题研究［J］．资源与产业，2007（06）：10－13.

［129］ 耿卫红．国外主要页岩气勘探开发国家税费政策研究［J］．国土资源情报，2016（02）：8－14.

［130］ 王甲山，王井中．建设节约型社会税收问题研究［J］．哈尔滨商业大学学报，2007（02）：67－70.

［131］ 中共中央办公厅、国务院办公厅印发《关于深化生态保护补偿制度改革的意见》［DB/OL］，2021－9－12.

［132］ 中国石油企业协会，东北石油大学．油气资源开采生态环境税费的相关法律问题研究［R］．北京，2015

［133］ 毛文文．环境保护税法律制度及其优化［J］．湖南税务高等专科学校学报，2021，34（03）：41－45.

［134］ 孔祥军，王教凯，谢源，庞博胜．泄漏检测与修复技术在某石化厂的应用研究［J］．现代化工，2018，38（03）：210－213.

［135］ 史淑娟．大型跨流域调水水源区生态补偿研究［D］．西安理工大学博士论文，2010：15－20.

［136］ 中国矿产资源开发生态补偿制度研究［D］．西北农林科技大学硕士论文，2017：34－39.

［137］ 钟壬琳．浙江省水土保持补偿费征收过程中存在的问题及建议［J］．浙江水利科技，2018（01）：57－58.

［138］ 丁全利．新探索 新变革——2017 年我国矿产资源管理新进展综述［J］．国土资源，2018（01）：30－35.

［139］ 人民共和国中央政府．陕西省国家水土保持重点工程建设进度加快［EB/OL］．http：//www. gov. cn/xinwen/2017－10/27/content_ 5234768. htm.